人邮体育　青少年身体训练动作指导丛书

中国青少年体能训练师认证参考教材

全国体育运动学校联合会
专业推荐

青少年身体训练动作手册

弹力带训练

王雄　主编

人民邮电出版社
北京

图书在版编目（ＣＩＰ）数据

青少年身体训练动作手册. 弹力带训练 / 王雄主编
. -- 北京：人民邮电出版社，2020.5
（青少年身体训练动作指导丛书）
ISBN 978-7-115-52008-1

Ⅰ. ①青… Ⅱ. ①王… Ⅲ. ①青少年－体能－身体训
练－手册 Ⅳ. ①G808.17-62

中国版本图书馆CIP数据核字(2019)第204678号

免责声明

本书内容旨在为大众提供有用的信息。所有材料（包括文本、图形和图像）仅供参考，不能用于对特定疾病或症状的医疗诊断、建议或治疗。所有读者在针对任何一般性或特定的健康问题开始某项锻炼之前，均应向专业的医疗保健机构或医生进行咨询。作者和出版商都已尽可能确保本书技术上的准确性以及合理性，且并不特别推崇任何治疗方法、方案、建议或本书中的其他信息，并特别声明，不会承担由于使用本出版物中的材料而遭受的任何损伤所直接或间接产生的与个人或团体相关的一切责任、损失或风险。

内 容 提 要

　　"青少年身体训练动作指导丛书"共8册，是中国青少年体能训练师认证参考教材，并得到了全国体育运动学校联合会的专业推荐。丛书由国家体育总局训练局体能训练中心创建人、负责人王雄主编，并由多位国内青少年体能训练专家、体育教育专家和奥运冠军担任专家顾问，旨在帮助青少年进行正确的动作练习，得到科学的锻炼指导。

　　本书首先介绍了弹力带的来源、发展、类型和选择方法等基础知识，解析了弹力带训练在青少年身体素质提升锻炼中的运用优势。接着，本书采用真人示范、分步骤图解的形式，对超过130种动作练习的执行步骤、训练部位、主要肌肉、训练板块和训练目标等内容进行了讲解。最后，本书提供了针对不同训练需求的8个训练方案，旨在帮助青少年有效提升体能。

◆ 主　　编　王　雄
　　责任编辑　刘　蕊
　　责任印制　周昇亮

◆ 人民邮电出版社出版发行　　北京市丰台区成寿寺路 11 号
　　邮编　100164　电子邮件　315@ptpress.com.cn
　　网址　http://www.ptpress.com.cn
　　廊坊市印艺阁数字科技有限公司印刷

◆ 开本：700×1000　1/16
　　印张：11.25　　　　　　　　2020 年 5 月第 1 版
　　字数：162 千字　　　　　　2024 年 11 月河北第 5 次印刷

定价：59.80 元

读者服务热线：(010)81055296　印装质量热线：(010)81055316
反盗版热线：(010)81055315
广告经营许可证：京东市监广登字 20170147 号

编委会

致　谢

感谢为本丛书的出版做出积极贡献的强大的顾问团队，他们当中有拥有多年教龄的中小学体育教师，也有在一线执教多年的知名教练，还有幼儿体育、儿童兴趣活动、儿童教育实践、体质促进研究、青少年体能训练、青少年运动员科学训练和健身健康等领域的专家学者，他们代表了国内儿童和青少年身体训练领域的领先力量，也感谢其他国内同仁对这个领域的研究和实践所做的贡献。感谢人民邮电出版社有限公司对儿童和青少年体育领域的全力支持，感谢灌木拍摄团队的精心准备和辛勤付出，感谢本书的编委团队，我们一直在努力做好每一处细节，力争给大家提供一份可参考的材料。大家一起努力共同推进国内儿童和青少年训练领域的健康发展。

本丛书尚存在诸多不足之处，但这套1.0版本仅仅是开始，未来我们将会吸收更多的内容、理念，在细节上持续打磨和完善。此外，早在2013年我查阅市面上的儿童青少年体能训练资料的时候，就发现相关方面的研究资料及参考书极其有限，作为专业人员必须拥有的使命感促使我下决心编写一套能为儿童和青少年体育活动实践者提供帮助的材料，现在既然已经开始，我就会继续下去、不断升级，逐步打造出一系列科学、全面、实用的儿童和青少年身体训练动作指导手册！恳请所有读者向我们提出宝贵的建议！

科学发展观，少年中国梦。期待本丛书能够为国内儿童和青少年的身体训练发展带来一些促进和益处，让孩子提升生命质量，形成终身运动的好习惯，实现我们的共同目标："一切为了孩子，为了孩子的一切，为了一切孩子！"

丛书推荐序

2019 年 9 月 2 日，国务院印发了《体育强国建设纲要》（以下简称《纲要》），体育强国梦有了明确的时间表和路线图。这份激动人心的体育强国建设规划从多个层次对青少年体育发展进行了清晰的表述，指出要充分发挥体育在建设社会主义现代化强国新征程中的作用。而儿童青少年体育乃是发展之本，国运兴需要体育兴，少年强才能国强。

这份一直规划到 2050 年的《纲要》在其"战略目标"中提到："青少年体育服务体系更加健全，身体素养显著提升，健康状况明显改善"。在其"战略任务"中提到："将促进青少年提高身体素养和养成健康生活方式作为学校体育教育的重要内容，把学生体质健康水平纳入政府、教育行政部门、学校的考核体系，全面实施青少年体育活动促进计划"。在《纲要》的解读中，进一步提到了"青少年体育发展促进工程"，将要："构建社会化、网络化的青少年体育冬夏令营体系，开展青少年体育技能培训，使青少年掌握 2 项以上运动技能；丰富青少年体育赛事活动，形成一批具有较大影响的社会精品赛事活动；构建青少年体育社会组织管理和支持体系，促进青少年体育俱乐部、青少年户外体育活动营地等发展。实施青少年体育拔尖人才建设工程，推动体校特色运动队、俱乐部运动队、大中小学运动队及俱乐部建设。进一步发挥体校和社会俱乐部培养竞技体育后备人才的优势。落实教练员培养规划，实施教练员轮训，提高青少年体育教练员水平"。《纲要》将在接下来的时间里，进一步引领我们的青少年体育事业的发展。

我在体育行业工作四十五年，工作方向从全民健身到竞技体育再到青少年体育，现所在的全国体育运动学校联合会的主要工作宗旨是：团结和推动全国各级各类体育运动学校、青少年体育俱乐部等会员单位的建设与发展，为提高青少年身体素质、培养输送高水平竞技体育后备人才和为社会培养合格的体育专业人才服务，努力为各类青少年体育组织提供一个发展和交流平台，推动中国儿童青少年体育事业发展，促进体育强国和健康中国建设。对于儿童青少年的成长发展来说，体育运动在其中扮演着重要的角色。体育运动能够提升身体素质，促进身体健康和脑力发展，同时培养运动精神和团队精神，增强抗挫折能力和勇气，让每一个孩子能更好地成长为社会需要的人才。

由王雄老师主编的这两套丛书："儿童身体训练动作指导丛书"和"青少年身体训练动作指导丛书"，其编委会集合了行业内多位知名的专家顾问，包括儿童青少年领域的科研人员、资深中小学体育教师、一线执教的国家队体能教练和青少年俱乐部的儿童训练专家等，代表了国内儿童青少年身体训练领域的先进力量。丛书的内容体系完整，涵盖广泛，表述清晰，针对6~15岁的儿童和青少年。在目前国内中小学生的完整的身体训练体系还在摸索和构建的背景下，丛书为广大体育和教育领域的工作者，尤其是各级体校教练、小学体育教师以及青少年俱乐部教练提供了针对儿童和青少年体能教育的指导策略和教学模式参考，并帮助其设计适合不同发育水平孩子的身体训练计划，从而达到丰富体育课程内容、全面提升儿童青少年身体素质和健康水平的目标。丛书突出了儿童青少年训练的针对性、规范性和实效性，丰富了青少年运动训练的多样化方式，可作为广大家长、体育教师、教练员和体能训练师的参考用书。

在具体内容上，丛书根据不同年龄段儿童青少年的生理和心理发展特征，采用了适用于不同年龄段的身体训练动作和活动方式。例如在儿童徒手练习当中，涵盖了儿童肌肉力量、爆发力、协调性、速度、灵敏反应、柔韧性和能量代谢练习等多个素质类别，还包括大量的动作模式练习、双人配合练习、爬行练习和儿童瑜伽等丰富多彩的实践内容。在形式上，除了提供高质量的动作图片展示之外，还具备通过扫描二维码看视频的功能，可以让读者一目了然地全方位了解动作过程，帮助施教者提供更安全、更科学和更准确的体育教学。

科学发展观，少年中国梦。我仅代表全国体育运动学校联合会衷心将本套丛书推荐给所有儿童青少年的家长、学校体育教师、儿童和青少年身体训练研究人员、从事儿童和青少年体能教育培训的教练或技术人员、相关基层专业队以及青少年俱乐部队伍的教练员。希望丛书能为国内的儿童青少年提供更科学、更安全和更有趣味性的运动指导，帮助孩子们打下坚实的身体运动基础，掌握运动技能，提升运动表现，并享受运动带来的健康和乐趣。

职务：全国体育运动学校联合会教育发展委员会主任，研究员
原任：国家体育总局干部培训中心副主任，国家体育总局教练员学院教练员培训部部长，北京体育大学及河北师范大学的硕士、博士研究生导师

2019 年 10 月 25 日

丛书序

儿童和青少年是祖国的未来，民族的希望。强健儿童和青少年体魄，帮助下一代培养良好的生活习惯和运动精神，有利于其塑造正确的人生观和价值观。

在数字经济和人工智能飞速发展的大时代背景下，我们的身体依然停留在为运动而设计的远古时代。体育运动的意义不仅是闲暇时的消遣，还是人类平衡现代生活习惯和远古人体设定的最有效途径。体育运动对促进儿童和青少年身心的全面协调发展有着不可替代的重要作用，而儿童和青少年体育不仅是所有体育事业的基石，更是发挥教育功能和社会效益的重要工具。致力于发展儿童福利事业的宋庆龄曾呼吁——一切为了孩子，为了孩子的一切，为了一切孩子。这句话精辟凝练，含义深刻，是我们全社会践行儿童青少年体育工作的宗旨。

1. 政府重视，政策支持

青少年体质健康历来受到高度重视，习近平总书记在2014年8月15日看望南京青奥会中国体育代表团时强调，少年强、青年强则中国强。少年强、青年强是多方面的，既包括思想品德、学习成绩、创新能力和动手能力，也包括身体健康、体魄强壮和体育精神。此外，习近平总书记高度重视学校体育工作，在系列讲话中指出，身体是人生一切奋斗成功的本钱，少年儿童要注意加强体育锻炼，家庭、学校、社会都要为少年儿童增强体魄创造条件，让他们像小树那样健康成长，长大后成为建设祖国的栋梁之材。要从娃娃抓起，扎扎实实提高竞技体育水平，持之以恒开展群众体育，不断由体育大国向体育强国迈进。

为扭转当前学生体质健康状况持续下降的趋势，近年来，党中央和政府陆续发布了多项政策指令。2007年中共中央、国务院印发《关于加强青少年体育增强青少年体质的意见》（中发〔2007〕7号）；2012年国务院办公厅转发教育部等部门《关于进一步加强学校体育工作的若干意见》的通知（国办发〔2012〕53号）；2013年十八届三中全会通过的《中共中央关于全面深化改革若干重大问题的决定》明确提出"强化体育课和课外锻炼，促进青少年身心健康、体魄强健"的青少年体育工作目标；2016年国务院办公厅印发《关于强化学校体育促进学生身心健康全面发展的意见》（国办发〔2016〕27号），指出"以'天天锻炼、健康成长、终身受益'为目标，到2020年学生体育锻炼习惯基本养成，运动技能和体质健康水平明显提升，规则意识、合作精神和意志品质显著增强"。针对影响儿童青少年健康方面比较突出的近视问题，2018年8月30日，教育部、国家卫生健康委员会、国家体育总局等8部门联合印发《综合防控儿童青少年近视实施方案》，明确提出了2023年和2030年的近视防控目标。

2. 社会关注，市场推动

体质健康水平关系到青少年的健康成长，关系到千家万户的幸福。近年来的全国学生体质健康调研结果显示，我国学生的平均身体素质和健康水平连续多年持续下降，学生体质健康方面存在着诸多令人担忧的严重问题。

一段时期以来，关于我国儿童和青少年体质水平连续下滑的报道不断：由于受到充斥着电子游戏和垃圾食品的生活环境，以及久坐少动的现代生活方式的影响，儿童和青少年的劳动及体力活动急剧减少；由于营养过剩，儿童和青少年肥胖率不断上升；由于学习负担过重，儿童和青少年缺乏足够的活动时间；由于体育课安排不足，儿童和青少年运动个性化、多样化和科学化不够……这些问题已引发社会各界的广泛关注。

为了解决这些问题，全国各地的学校都在不断尝试进行体育教学改革，同时各式儿童体能训练机构如雨后春笋般地在一些城市中快速涌现。然而，应该如何进行儿童和青少年身体训练，学校和家长应该如何配合，学校及儿童体能训练机构如何才能为孩子提供更科学、更安全、更方便、更有趣、无污染的、有监控的、个性化的、有规划的体育课程或身体练习方案……针对以上问题，无论是理论研究还是实践指导，相比一些有长久积累和规模发展的国家，我国还处于起步阶段，需要虚心学习和研究借鉴。

除了学校，目前国内儿童青少年体育培训机构早已超过万家，专业的儿童体能训练机构的数量也在不断增加，不仅在一线城市形成了规模化发展，更在二线和三线、四线城市中迅速发展。即便如此，目前全国平均每2万名儿童青少年才对应一家专门的体育培训机构，远远无法满足实际需求。然而需求还在持续增长，中国新一代年轻父母在子女体育运动爱好培养及体能提升培训方面的投入不断增加，在家庭消费支出中占据重要比重。市场的巨大潜力推动了行业的发展，但与此同时也给行业带来发展中的挑战，我们需要避免急功近利导致的市场乱象，应当在标准化、规范化的运营管理和科学化、个性化的课程安排方面，尽力促进整个行业的健康发展。

3. 遵循科学，遵循规律

让运动成为孩子生活一部分，让每个孩子都可以愉快地参与丰富多彩的体育活动，享受高质量的体育教育给身心带来的积极变化，从小树立良好的运动习惯和体育价值观是我们的目标。只有家庭、学校和社会共同发力，创造一个有利于儿童青少年身心发展的健康运动环境，才能帮助孩子们提升体质和强健体魄。而在儿童青少年的体育教学理念中，最重要的就是遵循孩子的身体的生理发展规律，也就是我们经常说的"敏感期"问题。

科学研究证明，在青少年生长发育的过程中，身体形态和机能发展不是均衡渐进的，并存在着"敏感期"。这种敏感期是指某种运动素质在儿童、青少年时期，在有机体自然生长发育的基础上，可以实现最优化发展的某些特定年龄阶段。例如，在孩子的肌肉发育过程中，首先应关注大肌群的增长，然后是精细化的动作控制。在某个阶段，孩子力量的增加主要依靠神经肌肉协调控制，而非肌肉体积的增大或肌纤维数量的增加。因此，如果我们在孩子的儿童青少年时期能按照其素质发展敏感期的规律对其进行训练，就能最大限度地发展其身体素质，为孩子今后的体质健康和运动表现提升打下坚实基础。

敏感期又被称作"天窗期"，国内外对其的研究很多。出现敏感期的不同身体素质可训练的最佳时机，也被叫作"训练天窗"（Optimal Windows of Trainability）或"最佳训练能力窗口"。

要注意的是，人的一般生长发育是有规律的，但因为受遗传、营养和运动等因素的影响，个体发育的时间是不同的，因此每个人的敏感期出现的时间也是不同的。早发育和晚发育都会偏离正常年龄发育水平两三岁，也就是说，同龄人的身体发育水平差异可能达到4~6岁！两个实际年龄为10岁的孩子，一个发育年龄可能才7岁，而另外一个可能是13岁！此外，一般认为，同龄的男孩女孩会在8岁开始出现发育差异，最好从这个年龄后就对男孩和女孩进行有区别的、针对性的身体素质训练。

因此，在青春期前的敏感期通常与年龄相关，在青春期开始后，敏感期的划分和青春期男孩女孩的一些生理标志出现的时间点有关，如青春期开始、生长峰值点和月经初潮等。目前，在国内外资料当中被研究证实的，同时较为公认和流行的是运动员长期发展模型（LTAD，Long-Term Athlete Development）。按照LTAD模型，身体素质敏感期（训练天窗）有13个，如下表所示。

身体素质敏感期（训练天窗）年龄区间

运动素质	不同敏感期（训练天窗）的出现时间					
性别	男孩			女孩		
柔韧天窗 （2个）	第一天窗期	第二天窗期		第一天窗期	第二天窗期	
	5~8周岁	12~14周岁		4~7周岁	11~13周岁	
速度天窗 （2个）	第一天窗期	第二天窗期		第一天窗期	第二天窗期	
	7~9周岁	13~16周岁		5~8周岁	11~14周岁	
技术天窗 （2个）	第一天窗期	第二天窗期		第一天窗期	第二天窗期	
	9~12周岁	14~18周岁		7~10周岁	12~16周岁	
协调性天窗 （1个）	天窗期			天窗期		
	12~14周岁			11~13周岁		
力量天窗 （3个阶段）	天窗 第一阶段	天窗 第二阶段	天窗 第三阶段	天窗 第一阶段	天窗 第二阶段	天窗 第三阶段
	12~15周岁	15~20周岁	20~25周岁	10~13周岁	13~18周岁	18~21周岁
	注释：身高突增期后的6~12个月是第一个敏感期，增长速度最快。后期两个阶段增长速度逐渐放缓			注释：身高突增期或月经初潮后是第一个敏感期，增长速度最快。后期两个阶段增长速度逐渐放缓		
耐力天窗 （2个）	12~14周岁	17~22周岁		11~13周岁	16~21周岁	
爆发力天窗 （1个）	16~22周岁			15~21周岁		

4.因材施教，全面发展

儿童和青少年体育教育是教育体系中不可或缺的重要部分。相比国外的一些国家多年的系统研究和推广实施，我国的儿童和青少年体育教育整体水平仍有待提高。我们还缺乏多样化的身体素质练习手段，缺乏系统深入的研究支撑和长期发展的详细规划设计，缺乏一大批拥有专业资质和实践经验的教练员。当然，我们的发展是迅速的，近些年无论是在理论体系研究上，还是在实践方法组合上，都取得了喜人的成绩，未来可期。

在遵循儿童青少年身体生理发展规律的基础上，我们要因材施教，全面发展。在具体的训练执行和练习方式上，以下几个常见问题是最受家长、教练和老师们关注的，同样也是所有儿童青少年训练一线工作人员必须了解的。

（1）儿童青少年的练习方式是否和成人完全一样？

首先，就人体动作而言，对于已具备自由行走能力的儿童或青少年，其可以完成的大多数练习（如下蹲、跳跃和跑步等）的基本动作模式和成年人是完全一样的。不论是普通人还是运动员，不论是儿童还是老年人，其动作模式和动作方式的本质始终一样。Crossfit 的创始人格拉斯曼（Glassman）曾说过："奥运会运动员和我们的外婆，对于运动的需求只有程度上的差别，没有种类上的差别"。

其次，儿童和青少年的动作模式和成人一样，在某些细节要求上也一样，但是在具体的动作要求和发展目的上，强调的重点不一样。例如，儿童和青少年体能训练更加强调正确动作模式的自动化训练，强调神经肌肉的本体感觉和动作姿势的标准，而不是强调训练负荷和训练强度。

（2）孩子应先练专项还是先练体能？

目前所有的相关研究建议并强调，孩子应该在提升基础运动技能的基础上，再参加竞技性体育运动。专家们就先有合适的身体基础，再去练专项的观点似乎已基本形成了共识。美国著名的儿童体能教育专家斯蒂芬·维尔吉利奥（Stephen Virgilio）博士在其所著的《儿童身体素质提升指导与实践（第 2 版）》一书中就明确指出并强调，在基础体能和专项技术之间，孩子应该先提升基础运动技能，在强化了骨骼肌肉系统和神经肌肉控制系统之后，再参加竞技性体育运动才是最好的选择。

这个规律以多种形式被应用于日常生活中。当儿童青少年刚开始进行体育锻炼时，篮球、游泳等运动专项对其吸引力也许更大。这些项目的初期学习目标是掌握一些基本技能，同时老师或教练也会教授一些热身练习。但是一旦孩子已经学会某个运动专项的基本技能，并且想要获得技能水平的进一步提升，就必须参加专门和正式的体能训练了。

（3）儿童和青少年是否能进行力量训练？

这个命题的研究在美国已有很长时间，之前有观点认为，孩子的肌肉正处于生长发育阶段，不应该过度使用，而且负重训练的危险系数太高。近二十年来，各大权威机构纷纷发表了有关儿童青少年的健身指导文章，推荐其进行力量训练，这些机构包括：美国儿科学会（AAP）、美国运动医学会（ACSM）、美国运动委员会（ACE）、美国国家体能协会（NSCA）、英国体育与运动科学协会（BASES）和加拿大运动生理学会等。

其中，美国儿科学会声明："适度的力量训练对于青少年的生长发育、骨骼愈合、心脏循环系统没有明显的副作用。"美国运动医学会认为："一般来说，如果儿童做好了参加组织好的体育运动的准备——如一些小型的足球、棒球联赛或者体操比赛——这就表明他们做好了可以进行一些力量训练的准备。"美国国家体能协会则这样表述："青少年的力量训练在以下情况下是安全而有效的：有一个善于制定训练计划的资深教练（或老师）的指导和监控，且青少年自身已掌握了适当的动作技术。"

对于年龄较小的儿童是否可以进行力量练习，国外最新研究认为，幼儿园到六年级的儿童不应执行最大负重练习，然而，哪怕年龄小到只有2岁的儿童，都是可以通过进行阻力练习来增强骨骼发育的。国外的长期研究和实践已证明，科学的力量训练是促进儿童青少年体质健康和运动能力增强的有效方法，有监督、有计划、科学合理的力量训练其实是一种安全有效的训练方式，对孩子肌肉生长发育有诸多益处。力量素质是参与一切体育活动的基础。在日常体育课教学中，合理安排力量训练环节可以逐步提高学生的身体素质和运动能力。因此，本套丛书提供了多种适合学生力量素质发展的练习方法，并针对不同年龄孩子的生长发育情况制定了不同的个性化训练计划，图文并茂，通俗易懂，引导学生科学系统、安全高效地进行力量训练，并为体育教师和体能教练提高孩子的身体素质和专项运动成绩提供了技术支持。

（4）为什么儿童青少年身体训练要关注动作模式？

儿童青少年的身体训练是为了打好身体基础，提升体能水平，且体能水平包含动作、身体素质和运动表现三个维度。动作是其中最本质和最基础的——任何日常身体活动和竞技运动都是由基本身体动作组成的，力量、爆发力、耐力、速度、敏捷、平衡、协调和柔韧等其他身体素质的发展都建立在此基础之上，最终达到实现结合运动专项或者其他功能需求的运动表现的目标。

动作模式就是遵循人体科学运动基本原则，让身体以最佳路径和最佳效率完成动作的过程。动作练习的目的就是建立正确的动作模式，并优化发展为动作技能。好的动作模式可以让你用最小的力和最经济的能量消耗来达到最佳的运动表现。专业运动员为了更好的竞技运动表现，突破既定的运动极限，时刻不断改进自己的技巧，熟练自己的技能，为的就是能在更好的动作模式下提升至最好的成绩。普通人也是如此，如果没有正确的动作模式，就会在运动中事倍功半。但大多数普通人的动作模式并不正确且已经"定型"，只能通过科学的纠正性训练进行矫正，且矫正过程异常复杂而艰难。而这种"最佳"动作模式建立和优化的最佳时期必定是在儿童青少年阶段。

动作模式的练习讲究神经肌肉的本体感觉和协调配合，以及动作姿态的有序控制。例如，在下蹲练习中，一个正确动作模式的下蹲动作需要踝关节、膝关节和髋关节的弯曲角度合理，踝部有足够的灵活性以保证膝关节的位置正确，膝盖有合理的折叠角度以帮助身体更好地利用大腿肌肉，髋部有合适的位置以保证上半身角度合理，同时，还需要躯干和核心配合发力，以及背部肌肉的参与。其他任何动作细节，包括肩膀的位置，头部的角度，甚至是视线，都有可能影响到整个身体联动发力的变化和动作模式的效率。

此外，练习动作模式的另一大功能就是保护身体，预防伤病。人体关节有两个基本特性：灵活性和稳定性，往往以一个为主，另一个为辅，这是人体的"原本设计"，是不可改变的。错误的动作模式会使某一关节的灵活性或稳定性产生变化，并进一步造成上下联动关节的错误代偿。虽然人体具有自我纠正能力，但一旦运动过量或负荷过大，就会产生永久性运动损伤。例如，硬拉练习是一个综合性训练动作，可以锻炼全身上下的多数肌肉，特别是后链肌群。但硬拉练习的训练目标不仅是肌肉，更重要的是动作模式。如果在练习过程中存在腹部用力不够、肩胛肌肉或腰背部肌群参与不够等问题，很容易导致人体脊柱过度屈曲，给脊柱造成额外的压力，使其成为一个错误而危险的动作。

因此，儿童青少年时期的身体训练要重点关注动作模式，以最有效率的动作幅度和最经济的能量消耗来获取最大的运动收益，这也是进行身体训练的黄金法则。

（5）一些高难度、高强度练习是否适合儿童青少年？

斯蒂芬·维尔吉利奥博士曾明确提出建议：10岁以上的孩子应每周至少有5天进行60分钟以上中等强度或更激烈的体育运动。我国的儿童青少年普遍存在运动参与较少的问题，如果突然加大训练量或训练强度，会出现不适应的情况。但只要循序渐进，科学进阶，孩子一样是可以做好很多强度较高、难度较大的训练的。从美国、德国和日本等国家的很多儿童训练视频和教程可以看出，孩子的训练强度和训练质量可以是很高水平的。因此，在保障好基本安全的前提下，遵循科学指导的原则，家长、老师和教练完全不必过度担心。

此外，一些欧美国家的专家认可并建议将基础体能训练（包括力量训练、有氧健身和关节灵活性训练等）融入中小学体育课程，以全面提升孩子们的运动能力，让孩子获得受益终生的训练技术、健康知识、训练态度和生活习惯，以及成年后参与体育运动所需要的知识和信心，并为未来的运动生涯打下基础。

（6）如何保障每一个孩子的训练积极性？

现代儿童和青少年的生活方式与历史上任何时期相比都发生了根本性的变化。不同于过去，现代孩子们大部分时间都在有封闭保护的环境下进行着消极的娱乐活动。要激发孩子的训练兴趣，首先要打破成人"缩小版"的训练模式，取而代之的应该是根据每个不同年龄、体质和特点的孩子定制个性化计划，最大限度地提升孩子对参与训练的兴趣，激发他们的好奇心和挑战心理。

对于每个孩子来说，体育活动都应该是有趣并且愉快的，而不应仅仅是有天赋的孩子才会有这种感觉。体育活动并不一定要有明确的名次目标，我们必须停止将 10 岁孩子作为年轻版的成人运动员来对待这种做法，而应让他们顺其自然地发展，让孩子们自由地活动、玩耍和娱乐，在运动中展示自我。在设计上，要敢于打破传统的体育教学套路，设计一些孩子喜欢并易接受的创新性体能练习方法，让每一个孩子都能够毫无压力地参与其中，从而摆脱久坐少动、肥胖和营养过剩对身体带来的不利影响，在轻松和欢乐中逐步提升自身的身体素质和运动表现。

在教学方法上，教师在训练的开始阶段要"低估"孩子的运动能力，然后逐步增加动作难度和运动强度，并且始终强调动作的规范性而不追求过度练习，坚持适当的练习永远优于过度训练。此外，教师要多与孩子进行互动，关注孩子的情绪状态，了解他们的想法和感受，多给予孩子鼓励和赞扬。教师还应及时记录训练信息，监督训练成果，让孩子理解和感受训练的益处，享受训练过程，从而激发孩子终身锻炼的兴趣。

一个全面的儿童青少年训练计划的执行过程，应该包含艺术和科学两个方面。科学是为了理解训练的原理和方法，艺术则是为了满足不同需求、目标和能力的训练者，并为其设计安全、高效和有趣的训练计划。对于孩子的训练不用过分讲究"No pain, No gain（无痛则无果）"，训练不仅仅是为了增长肌肉力量和运动表现水平，更是为了让孩子了解自己的身体，保持运动的兴趣，收获更多的快乐。这种快乐是在掌握技能与完成挑战性任务之间的平衡中获得的，孩子只有在训练中获得了知识、技能和信心，并且感受训练所具有的挑战性时，身体训练才是一种有趣的活动。

5.本丛书的对象和受众

本丛书的阅读对象分为四类人群：儿童和青少年的家长；学校体育教师和从事儿童和青少年身体训练相关研究工作的人员；专业从事儿童和青少年体能教育培训的教练或技术人员；相关基层专业队、青少俱乐部队伍的教练。此外，具备一定知识的青少年也可以直接阅读本丛书。

丛书分为两个系列："儿童身体训练动作指导丛书"和"青少年身体训练动作指导丛书"。目标受众是6~15岁的儿童和青少年。按照国内学龄阶段的划分，分为小学和中学两个学历阶段，同时按照九年义务教育的年限，按每三岁一个年龄区间分为3个层级，如下表所示。

儿童和青少年年龄、年级、学龄划分表

层级	年级划分	年龄区间	人群属性	学龄阶段
一	1~3年级	6~8周岁	儿童	小学生
二	4~6年级	9~11周岁	儿童	小学生
三	7~9年级	12~14周岁	少年	初中生

其中，第一层级和第二层级都属于小学阶段，对应的是"儿童身体训练动作指导丛书"，第三层级属于初中阶段，对应的是"青少年身体训练动作指导丛书"。当然，年级、学龄阶段不代表孩子的发育水平和身体运动能力水平，每个年级或年龄阶段都可能有处于不同发展水平的孩子，而且差异会很大。

国内对于儿童与青少年的界限划分以及对应的中英文词汇使用还比较混淆，为此，在查阅和参考相关资料的基础上，丛书在此做一个术语用法的大致介绍，同时明确一下年龄界限划分。美国国家运动医学学会（NASM）认为，青少年（Youth）这个词汇涵盖了一个较大的年龄范围，并且具有广泛的含义，比如青年时代的意思，基本包含了儿童和少年阶段。美国疾病控制和预防中心（CDC）则使用儿童（Children）和青春期少年（Adolescent）两个词汇来对两组人群进行区分。通常来讲，刚出生到1周岁之间的小孩被称为婴儿（Infant），1~3

周岁则被称为幼儿（Baby），学龄前儿童（Preschool Children）相当于我们国家的幼儿园阶段，即3~6周岁，儿童（Children）所指的年龄范围为3~12周岁，而青少年（Teenager）所指的年龄范围为12~18周岁。NASM还指出，当涉及运动反馈时，儿童（Children）通常所指的年龄范围为6~12周岁，因为3~5周岁的儿童在分级测试和需要最大极限的运动中不会涉及。

　　此外，丛书在此要对英文中Kids、Adolescent、Juvenile和Teenager等几个相关词的意思和年龄界限进行一个简要释义。Kids（孩子）多从关系属性上强调相比之下跟自己感情亲近的孩子，更加口语化，而Children（儿童）更多泛指所有孩子，没有感情亲疏之分。Adolescent（青春期少年）这个词有名词和形容词双重属性，强调的是孩子处于青春发育期这个阶段，年龄区间一般是10周岁左右。Juvenile也可以作形容词和名词，指没有发育成熟的青少年。而Teenager是这几个词当中定义和年龄界限最明确的一个，指12~18周岁的青少年。参考下表，你将有一个清晰的了解。

术语年龄界限划分参照表

中文用词	婴儿	幼儿	学龄前儿童	儿童	青少年	青少年（广泛）
英文用词	Infant	Baby	Preschool Children	Children	Teenager	Youth
年龄范围	0~1周岁	1~3周岁	3~6周岁	3~12周岁	12~18周岁	6~18周岁

2019年9月27日

前　言

在目前适合国内中小学生的完整的身体训练体系还在摸索和构建的背景下，本丛书期待为广大体育和教育领域的工作者，尤其是中小学体育教师提供针对儿童青少年体能教育的指导策略和教学模式参考，并帮助其设计适合不同发育水平孩子的身体训练课程，从而丰富体育课程内容，达到全面提升儿童和青少年身体素质和健康水平的目的。丛书突出了儿童和青少年训练的针对性、规范性和实效性，丰富了儿童和青少年运动训练的多样化方式，可作为广大体育教师、教练、体能训练师、健身教练和健身爱好者的参考书。

本丛书的内容参考了国内外多部训练相关图书和视频，包括《身体功能训练动作手册》，以及来自美国NASM的YES（Youth Exercise Specialization）教程和美国Gopher公司开发的Achieve儿童运动教程等。教师和教练可以根据孩子的年龄、个体能力和训练年限，选择从入门到高级的训练动作，作为训练计划制定的参考。

"儿童身体训练动作指导丛书"和"青少年身体训练动作指导丛书"的核心目的是动作指导，为了使用方便，同时便于读者找到合适的参考，本丛书按照徒手训练、拉伸训练和各种不同小器械训练的方式进行分类。在维度设置上，本丛书并没有按照训练板块，如热身整理、准备活动、基本动作技能、力量训练、核心训练、拉伸训练、快速伸缩复合训练、速度训练、游戏、瑜伽、有氧心肺、稳定性训练和灵活性训练进行划分，也没有从身体素质，如力量、爆发力、平衡、柔韧、灵敏、速度、心肺耐力和肌肉耐力等维度来设置。但是，丛书在动作体系分类中体现了以上两个维度，同时按照身体部位（如上肢、下肢和躯干等）和身体姿势（如站立姿、半跪姿、仰卧姿和俯卧姿等）等多维度来综合设置。

其中，"儿童身体训练动作指导丛书"针对1~6年级的小学生，年龄区间为6~11周岁，全套包括《儿童身体训练动作手册：徒手训练》《儿童身体训练动作手册：拉伸训练》《儿童身体训练动作手册：弹力带训练》《儿童身体训练动作手册：瑞士球与迷你带训练》《儿童身体训练动作手册：哑铃与壶铃训练》《儿童身体训练动作手册：药球与BOSU球训练》《儿童身体训练动作手册：栏架、平衡垫、泡沫轴与按摩棒训练》。

"青少年身体训练动作指导丛书"针对初中生，年龄区间为12~14周岁，全套包括《青少年身体训练动作手册：徒手训练》《青少年身体训练动作手册：拉伸训练》《青少年身体训练动作手册：弹力带训练》《青少年身体训练动作手册：哑铃训练》《青少年身体训练动作手册：瑞士球训练》《青少年身体训练动作手册：药球与壶铃训练》《青少年身体训练动作手册：BOSU球与迷你带训练》《青少年身体训练动作手册：栏架、泡沫轴与按摩棒训练》。

每本书均由三部分构成：第一部分介绍训练所用小器械的基础知识、主要训练优势，以及主要涉及的训练板块，如BOSU球主要用于平衡稳定练习，哑铃主要用于力量练习，栏架多用于灵敏练习和快速伸缩复合训练；第二部分是动作的详细板块，按照训练板块、身体部位、身体姿势和素质类别等，从多个维度和层面将动作进行了细致划分，以图文结合的形式详细介绍每一个具体的动作练习，说明动作步骤、动作要点和注意事项，且部分动作有对应的参考视频，读者可以通过扫描二维码进行查看；第三部分是训练计划示例，提供了若干个参考性训练计划。训练计划针对不同目的、不同水平儿童青少年设计，当然，书中所列的计划只是一个简要参考，读者可以根据需求或训练对象的具体情况设计更加多样化和个性化的训练计划，实现高质量体育教学的目标。

本丛书根据不同年龄段儿童和青少年的生理、心理和营养等发展特征，并参考目前国外流行的LTAD模型，确定适用于不同年龄段的体能训练动作和活动方式，比如《儿童身体训练动作手册：徒手训练》中，就涵盖了儿童肌肉力量和耐力、协调性、速度、灵敏反应、柔韧性和能量代谢练习等多个素质类别，同时还提供多种动作模式练习、双人配合练习、爬行练习和儿童瑜伽等丰富多彩的实践内容，帮助他们提升运动表现，加强团队合作，并享受运动带来的健康和乐趣。

这套丛书联合体育训练和学校体育行业的国内外专家，参考国际最新的儿童和青少年训练体系和领域研究成果，以简洁实用的动作练习和丰富实用的训练计划来呈现，拟搭建6~15周岁范围内，中、小学的两段课程体系，构建中小学身体训练课程及儿童和青少年体质健康解决方案，帮助施教者提供更安全、更科学、更具趣味性的体育教学，促进儿童和青少年更积极地参与体育活动，更轻松易行地掌握基本运动技能，更科学合理地全面提高身体素质。

动作视频在线观看说明

为了帮助青少年快速掌握动作技术，科学进行锻炼，本书提供了大部分动作练习的演示视频，具体可通过以下步骤在线观看。

步骤1 打开微信"扫一扫"（图1）。

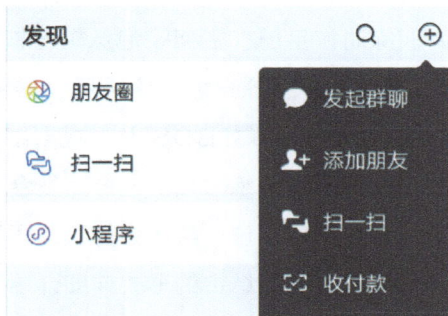

图1

步骤2 扫描动作练习页面上的二维码（图2和图3）。

图2

图3

步骤3 如果您尚未关注微信公众号"人邮体育"，扫描后会出现"人邮体育"的二维码（图4）。请根据说明关注"人邮体育"（图5），并在关注后点击"资源详情"（图6），即可进入动作视频观看页面（图7）。如果您已关注微信公众号"人邮体育"，扫描后可直接进入动作视频观看页面。

图 4

图 5

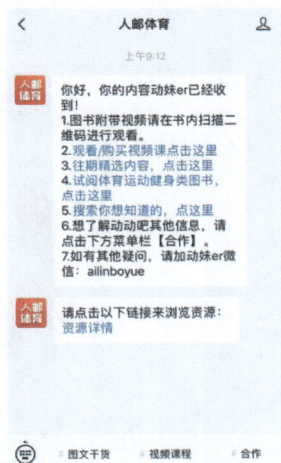

图 6

图 7

特殊说明：

1．全书共提供了126个动作视频，且每个动作视频对应一个二维码。

2．考虑到部分动作练习的单次演示时间较短和动作难度较大的情况，同时为了达到更好的指导效果，动作视频将重复演示动作练习若干次。此外，为了更好地展示动作细节，部分动作视频将从不同角度或书中演示侧的对侧演示动作练习并重复若干次。

目录

CONTENTS

CHAPTER 01 第1章

弹力带基础知识

CHAPTER 02 第2章

弹力带训练在青少年身体素质提升锻炼中的运用

CHAPTER 03 第3章

动作练习

CHAPTER 04 第4章

训练计划

CHAPTER O1 第1章

弹力带基础知识

弹力带是一种在健身和康复领域得到广泛运用的小型健身训练工具。了解弹力带的来源、发展、训练优势及选择方法等基础知识，能够帮助锻炼者更科学、高效地进行训练。

1.1　弹力带的来源与发展

　　弹力带是由乳胶制成的一种小型健身训练工具，最初被应用于医疗康复领域——患者利用弹力带进行低强度抗阻训练来促进身体恢复。如今，我们可以在市面上看到各种形状和颜色（代表不同阻力）的弹力带。这些弹力带适用于各个年龄段，以及不同训练水平、健康水平的人群。由于非常轻便、易携带且具有独特的功能性，弹力带在健身和康复领域得到了广泛的应用和推广，不仅是健身及运动爱好者喜爱的工具，还是各级别专业运动员进行训练的辅助性工具。

1.2 弹力带训练的优势

与其他健身器械训练相比，弹力带训练具有以下优势。

弹力带训练的适用人群广

无论是患有伤病需要进行康复训练的人，还是高水平的专业运动员，无论是儿童、青少年，还是老年人，都可以利用弹力带进行训练。

与那些大型的、沉重的健身器械相比，弹力带使用起来更加方便，而且训练范围更加广泛

小小的空间就可以满足人们进行弹力带训练的需求。练习者可以在家中、办公室和教室里进行训练，甚至可以在出差时携带弹力带进行训练。事实上，大部分使用大型健身器械所完成的训练，用一根弹力带也能达到同样的训练效果。

弹力带可以使训练分阶段地进行

弹力带有不同的规格，根据使用时的长度调整或者数量变化，可以调节出不同的阻力。因此，练习者可以根据自身力量的进阶情况，逐步选择阻力更大的弹力带。而在练习者受到伤病困扰时，还可以通过调节弹力带阻力，进行康复性训练。

弹力带的训练角度广泛

弹力带所提供的阻力来源是其本身的张力而非重力。因此，练习者可以利用弹力带从不同角度训练肌肉，也可以利用弹力带在各种姿势下进行更接近于专项动作的训练。

弹力带的训练更为安全

弹力带训练中，练习者对抗弹力带张力做功，进而达到训练目标。因为弹力带阻力相对较小，也较容易控制，所以一般不会产生严重的训练伤害。弹力带训练中最大的风险是弹力带崩断或者一端失去固定后产生反弹，但只要选择质量可靠的产品，同时训练时注意末端的固定，就可以避免发生这种情况。因此，弹力带是一种安全系数较高的训练工具。

1.3　弹力带的类型与选择

选择适合自己的弹力带，是一件很重要的事情。一般来说，练习者可以从以下几个方面进行考虑，从而选择适合自己的弹力带。

颜色

制造商对于弹力带的阻力设置并没有统一的制作标准。一般来说，可以从弹力带的颜色来比较它的强度和阻力。颜色越浅，阻力越小；颜色越深，阻力越大。比如：粉色和黄色的弹力带颜色最浅，阻力最小；绿色和红色的弹力带颜色稍深，阻力中等；黑色和灰色的弹力带颜色最深，阻力最大。选择弹力带时，应在考量理论阻力的基础上，多试拉几下，根据自身的感觉，选择阻力最适合的弹力带作为训练工具。

外形

弹力带的外形可分为两种，一种是扁平的带状，这种形状最为常见；另一种是管状，也被称为弹力管。使用带状的弹力带时，练习者可以根据自己需要的长度对弹力带进行切割，还可以在使用完弹力带后将其卷折

起来，甚至可以单独购买手柄与其进行组装。弹力管带有手柄，末端更为牢靠和稳固，比带状的弹力带更加耐用。

通常情况下，如果没有进行过抗阻训练，最好先选择带状的弹力带进行训练，然后再进阶到使用弹力管进行训练。

CHAPTER 02

第2章

弹力带训练在青少年身体素质提升锻炼中的运用

弹力带训练是一种兼具趣味性和功能性的训练方法，在青少年身体素质提升锻炼中具有独特的运用优势。但青少年锻炼者仍须了解进行弹力带训练时的一些注意事项，且最好在有家长、老师、教练或同伴从旁保护的情况下进行训练。

2.1　运用优势

弹力带训练作为一种新型的、有趣的健身手段，很容易受到大部分青少年的喜爱，并且训练效果非常显著。弹力带还可用于团队训练，让同伴相互配合，增强协作。此外，弹力带训练动作的变化形式多，能够吸引青少年的注意力，调动他们参与训练的积极性和主动性。

青少年时期是力量素质发展的关键期，同时也是骨骼快速生长的时期。进行弹力带训练可以有效增加肌肉力量和骨骼强度。其中，骨骼强度依赖于骨密度，而有力的肌肉、充足的运动量能很好地促进人体对钙的吸收，从而提升骨密度。此外，由于青少年力量发展迅速，训练的负荷需要频繁变化，而弹力带可提供不同规格的阻力，这一点使其在青少年力量训练中极具优势。

弹力带训练能够提升青少年的肌肉耐力及控制力，改善身体平衡能力。在弹力带训练中，青少年必须专注于力量和速度的控制，随着弹力的改变不断提升肌肉耐力，同时控制好身体平衡。

此外，由于青少年活泼好动，并且骨骼和肌肉系统尚未发育成熟，在进行传统器械（比如杠铃、哑铃）训练时很容易产生机体疲劳。另外，因为重力的影响，进行传统器械训练会对关节产生较大的压力，稍不注意便会对身体造成损伤。而由于弹力带本身的特性，其阻力方向由拉力方向决定，并不受重力的影响，使青少年在进行弹力带训练时关节承受的压力很小，有效避免了因压力带来的机体损伤。另外，弹力带训练多以不同肌群交替训练的方式为主，这种训练方式能够使肌肉得到充分的恢复，不容易造成训练疲劳，进一步降低了产生损伤的风险。

2.2 弹力带训练的注意事项

虽然弹力带训练有诸多优势，但是在使用时，也要注意正确的训练方法，否则不但起不到相应的作用，甚至会造成运动损伤。

制定适合自身情况的训练计划

青少年的身体生长发育较快，相差两岁的两个人的身体状况就可能是完全不同的，所以要根据每个人现阶段的身体状况来设计、调整和优化训练计划。另外，对于关节部位有伤病的青少年来说，首先要进行1~2周的模拟弹力带动作训练，即暂时不用弹力带，仅仅做出相应的动作，让肌肉产生动作记忆。通过这种方式，使青少年更好地掌握弹力带训练动作的要点，增强训练效果，同时保护关节，防止二次损伤。

选择合适阻力的弹力带

用相同阻力的弹力带进行所有的练习是可行的，但训练效果并不一定好。每个训练都需要匹配合适的阻力，才能达到最佳的训练效果。训练的身体部位不同，所需的阻力也不同。比如进行肱三头肌训练时，需要使用阻力较小的弹力带，而进行胸前推训练时，需要使用阻力较大的弹力带。

训练姿势

　　由于青少年的骨骼肌肉系统发育尚不成熟，在训练过程中容易出现身体不稳定、姿势不正确和动作变形等问题。在弹力带训练中，教练、家长和同伴应提醒和指导青少年保持正确的姿势，比如抬头、挺胸、收腹、膝盖和脚尖方向保持一致等。

2小时原则

　　在训练结束2小时后，虽然肌肉可能会有轻微的酸痛，但关节和肌肉的疼痛不应该越来越严重。如果疼痛超出可承受范围，可能是训练的方式有误，或者弹力带的选择有误。下次训练时，需要对训练内容做出调整。

训练前要热身

　　训练前进行热身可加速血液循环，调动身体机能，以适应训练需求。

保持呼吸

　　任何时候都不要屏住呼吸，否则会使血压增高，引起头晕或其他不适。

有控制地进行训练

　　首先，要控制动作幅度不要超过关节的最大活动范围；其次，要缓慢、有控制地执行动作，不要让弹力带回弹速度过快。

其他注意事项

（1）指甲不宜太尖太长，避免划破弹力带。

（2）如果要固定弹力带的一端，要确保选择的固定物足够牢靠，且避免固定点朝向面部。

（3）训练时避免使用超出弹力带可承受的拉力范围的力，防止弹力带崩断。

（4）所有类型的弹力带都会随着时间的推移逐渐老化，训练中滴落在弹力带上的汗水会加速这个过程，所以要定期检查弹力带，避免使用有破损或老化的弹力带。

CHAPTER 03 第3章

动作练习

青少年锻炼者可利用弹力带对不同身体部位进行不同功能的锻炼。明确弹力带动作练习的训练部位和训练目标，掌握动作要点和注意事项，是青少年锻炼者获得理想锻炼效果的基础和保障。

3.1　上肢和肩部

3.1.1　站姿

弹力带 - 站姿 - 下拉 - 双臂

训练部位　**肩部**

主要肌肉　**肩关节周围肌群、背阔肌**

训练板块　**力量练习、热身练习**

训练目标　**力量**

注意事项　**动作过程中保持核心收紧，避免耸肩**

动作要点

① 双脚分开站立，距离与肩同宽。双手握住弹力带两端，双臂伸直上举过头顶，保持弹力带有一定的张力。

② 双臂从头顶下拉弹力带至侧平举姿势。动作过程中保持双臂伸直。

↻ 恢复至初始位置，重复规定的次数。

弹力带 - 站姿 - 下拉 - 单臂

训练部位　肩部

主要肌肉　肩关节周围肌群、背阔肌

训练板块　力量练习、热身练习

训练目标　力量

注意事项　动作过程中保持核心收紧，
　　　　　避免耸肩

动作要点

① 双脚分开站立，距离与肩同宽。双手握住弹力带两端，双臂伸直上举过头顶，保持弹力带有一定的张力。

② 右臂保持稳定，左臂下拉弹力带至侧平举姿势。动作过程中保持双臂伸直。

⟳ 恢复至初始位置，换对侧重复上述动作过程。重复规定的次数。

上肢和肩部

胸部和背部

躯干和全身

核心和腰腹

下肢和臀部

弹力带 - 站姿 - 上斜飞鸟

训练部位　肩部、胸部

主要肌肉　胸大肌、肩关节周围肌群

训练板块　力量练习、热身练习

训练目标　力量

注意事项　动作过程中避免耸肩

动作要点

1. 双脚分开站立，距离与肩同宽。将弹力带中段置于背后并用双手握住两端，双臂呈侧平举姿势，保持弹力带有一定的张力。

2. 双臂向斜上方上举，做飞鸟练习。动作过程中保持双臂伸直。

↻ 恢复至初始位置，重复规定的次数。

弹力带 - 站姿 - 侧平举 - 单臂

训练部位　**肩部**

主要肌肉　**肩关节周围肌群**

训练板块　**力量练习、热身练习**

训练目标　**力量**

注意事项　**动作过程中避免耸肩**

动作要点

1 双脚分开站立，距离与肩同宽。将弹力带中段固定在脚下，双手握住弹力带两端并自然置于身体两侧，保持弹力带有一定的张力。

2 右臂外展至侧平举。动作过程中保持躯干、下肢及左臂稳定。

↻ 恢复至初始位置，重复规定的次数。换对侧重复上述动作过程。

上肢和肩部

胸部和背部

躯干和全身

核心和腰腹

下肢和臀部

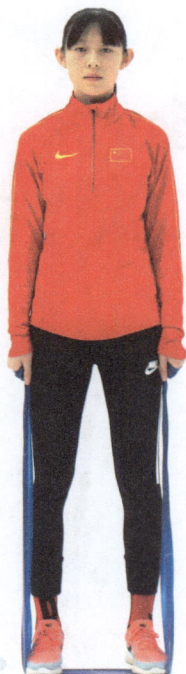

弹力带 - 站姿 - 稳定上提 - 自固定

训练部位　**肩部、核心**

主要肌肉　**肩关节周围肌群、核心肌群**

训练板块　**力量练习、热身练习**

训练目标　**力量、稳定**

注意事项　**动作过程中保持身体稳定，避免耸肩**

动作要点

1 双脚分开站立，距离与肩同宽。双手握住弹力带两端，置于左侧髋关节处。

2 左手及左臂固定不动，右手向右上方45度拉弹力带，至右臂完全伸直。

↻ 恢复至初始位置，重复规定的次数。换对侧重复上述动作过程。

弹力带 - 站姿 - 稳定下砍 - 自固定

训练部位　肩部、核心

主要肌肉　核心肌群、斜方肌、肩关节周围肌群

训练板块　力量练习、热身练习

训练目标　力量、稳定

注意事项　动作过程中保持身体稳定，避免耸肩

<table>
<tr><td colspan="2">动作要点</td></tr>
<tr><td>1</td><td>双脚分开站立，距离与肩同宽。双手握住弹力带两端，双臂向左上方45度上举，左臂伸直，右臂微屈。</td></tr>
<tr><td>2</td><td>左手及左臂固定不动，右手向斜下方拉弹力带，至右臂完全伸直。</td></tr>
<tr><td>↻</td><td>恢复至初始位置，重复规定的次数。换对侧重复上述动作过程。</td></tr>
</table>

上肢和肩部

胸部和背部

躯干和全身

核心和腰腹

下肢和臀部

1

2 ↻

弹力带 - 站姿 - 高拉 - 双臂

训练部位　肩部、背部

主要肌肉　斜方肌、肩关节周围肌群

训练板块　力量练习、热身练习

训练目标　力量

注意事项　动作过程中避免耸肩

动作要点

1　双脚分开站立，距离与肩同宽。将弹力带中段固定在脚下，双手握住弹力带两端，并置于髋关节处，保持弹力带有一定的张力。

2　双臂屈肘并上拉弹力带，至上臂和前臂与地面平行。动作过程中保持躯干及下肢稳定。

↻　恢复至初始位置，重复规定的次数。

双臂同时高拉

弹力带 - 站姿 - 高拉 - 单臂

训练部位　**肩部、背部**

主要肌肉　**斜方肌、肩关节周围肌群**

训练板块　**力量练习、热身练习**

训练目标　**力量**

注意事项　**动作过程中避免耸肩**

动作要点

1 双脚分开站立，距离与肩同宽。将弹力带中段固定在脚下，双手握住弹力带两端并置于髋关节处，保持弹力带有一定的张力。

2 右臂屈肘并上拉弹力带，至上臂和前臂与地面平行。动作过程中保持躯干、下肢及左臂稳定。

↻ 恢复至初始位置，重复规定的次数。换对侧重复上述动作过程。

上肢和肩部

胸部和背部

躯干和全身

核心和腰腹

下肢和臀部

1

2 **↻**

弹力带 - 站姿 - 拉弓

训练部位 **背部、肩部**

主要肌肉 **斜方肌、中背部肌群、肩关节周围肌群**

训练板块 **力量练习、热身练习**

训练目标 **力量**

注意事项 **动作过程中避免耸肩**

动作要点

1 双脚分开站立，距离与肩同宽。双手握住弹力带两端，右臂侧平举，左臂屈肘且与地面平行，左手置于胸前，保持弹力带有一定的张力。

2 左臂后拉弹力带，至上臂与肩关节呈一条直线，且左手贴近左侧肩关节。动作过程中保持双臂及弹力带平行于地面。

↻ 恢复至初始位置，重复规定的次数。换对侧重复上述动作过程。

弹力带 - 站姿 - 臂屈伸 - 单臂

训练部位　**上肢**

主要肌肉　**肱三头肌**

训练板块　**力量练习、热身练习**

训练目标　**力量**

注意事项　**动作过程中保持身体稳定，手臂贴紧身体**

动作要点

1 双脚分开站立，距离与肩同宽。左手将弹力带的一端固定在右肩上，右臂屈肘，右手握住弹力带的另一端并置于肩关节前方，保持弹力带有一定的张力。

2 右手下拉弹力带，至右臂完全伸直。

↻ 恢复至初始位置，重复规定的次数。换对侧重复上述动作过程。

弹力带 - 站姿 - 水平臂屈伸 - 单臂

训练部位　　**上肢、肩部**

主要肌肉　　**肩关节周围肌群、斜方肌、肱三头肌、背阔肌、菱形肌**

训练板块　　**力量练习、热身练习**

训练目标　　**力量**

注意事项　　**动作过程中保持身体稳定，避免耸肩**

动作要点

1 双脚分开站立，双手握住弹力带两端。双臂屈肘上举至与地面平行，保持弹力带有一定的张力。

2 左臂保持稳定，右臂向右伸展至侧平举姿势。

↻ 恢复至初始位置，重复规定的次数。换对侧重复上述动作过程。

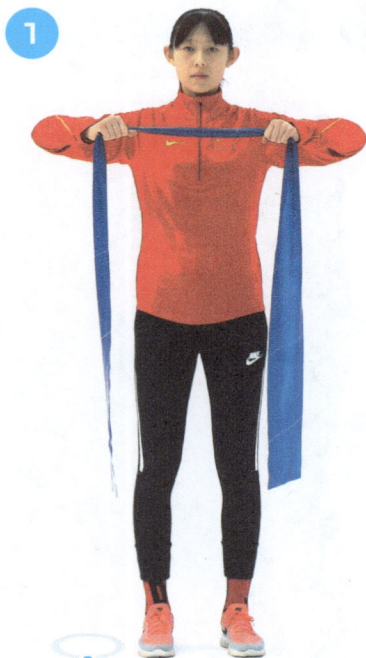

弹力带 - 站姿 - 水平臂屈伸 - 双臂

训练部位　**上肢、肩部**

主要肌肉　**肩关节周围肌群、斜方肌、肱三头肌、背阔肌、菱形肌**

训练板块　**力量练习、热身练习**

训练目标　**力量**

注意事项　**动作过程中保持身体稳定，避免耸肩，手臂保持水平**

动作要点

1 双脚分开站立，距离与肩同宽。双手握住弹力带两端，双臂屈肘上举至与地面平行，保持弹力带有一定的张力。

2 双臂向两侧伸展至侧平举姿势。

↻ 恢复至初始位置，重复规定的次数。

弹力带 - 长号胸前推 - 单臂

训练部位	上肢
主要肌肉	肱三头肌
训练板块	力量练习、热身练习
训练目标	力量
注意事项	动作过程中保持身体稳定，避免耸肩

水平向前伸

动作要点

1 双脚分开站立，距离与肩同宽。双手握住弹力带两端，左臂向上屈肘，左手置于锁骨中心位置，右臂水平向前屈肘，右手与左手同高，保持弹力带有一定的张力。

2 左臂保持稳定，右臂向前伸展至前平举姿势。

↻ 恢复至初始位置，重复规定的次数。换对侧重复上述动作过程。

弹力带 - 站姿 - 双侧耸肩

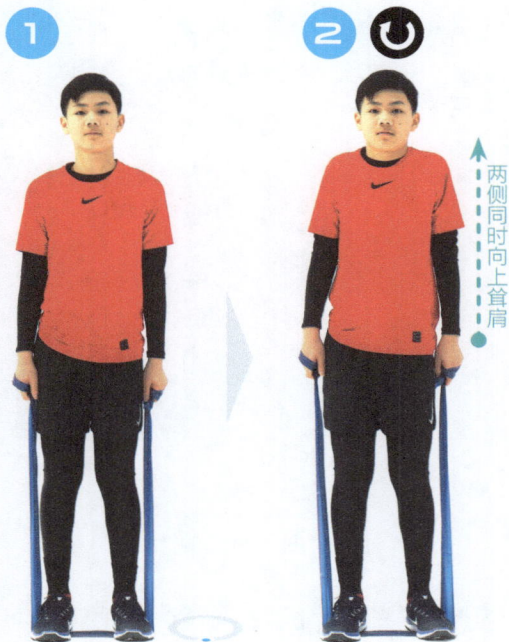

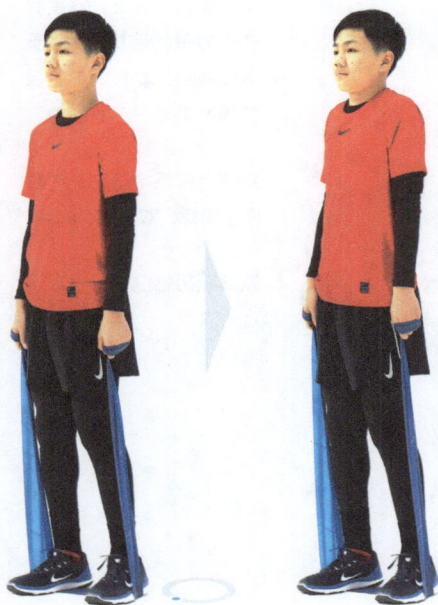

训练部位	肩部、背部
主要肌肉	斜方肌、肩胛提肌
训练板块	力量练习、热身练习
训练目标	力量
注意事项	动作过程中保持身体稳定

两侧同时向上耸肩

上肢和肩部

胸部和背部

躯干和全身

核心和腰腹

下肢和臀部

动作要点

1. 双脚分开站立，距离与肩同宽。将弹力带中段固定在脚下，双手握住弹力带两端并自然置于身体两侧，保持弹力带有一定的张力。

2. 双肩向上耸起。

恢复至初始位置，重复规定的次数。

弹力带 - 站姿 - 肱二头肌弯举 - 双臂

训练部位	上肢
主要肌肉	肱二头肌
训练板块	力量练习、热身练习
训练目标	力量
注意事项	动作过程中保持身体稳定，手臂贴紧身体

保持背部挺直

动作要点

1 双脚分开站立，将弹力带中段固定在脚下。双手握住弹力带两端并自然置于身体两侧，掌心向前，保持弹力带有一定的张力。

2 双侧上臂保持稳定，前臂向上弯举，双手掌心向后。

↻ 恢复至初始位置，重复规定的次数。

弹力带 - 站姿 - 肱二头肌弯举 - 单臂

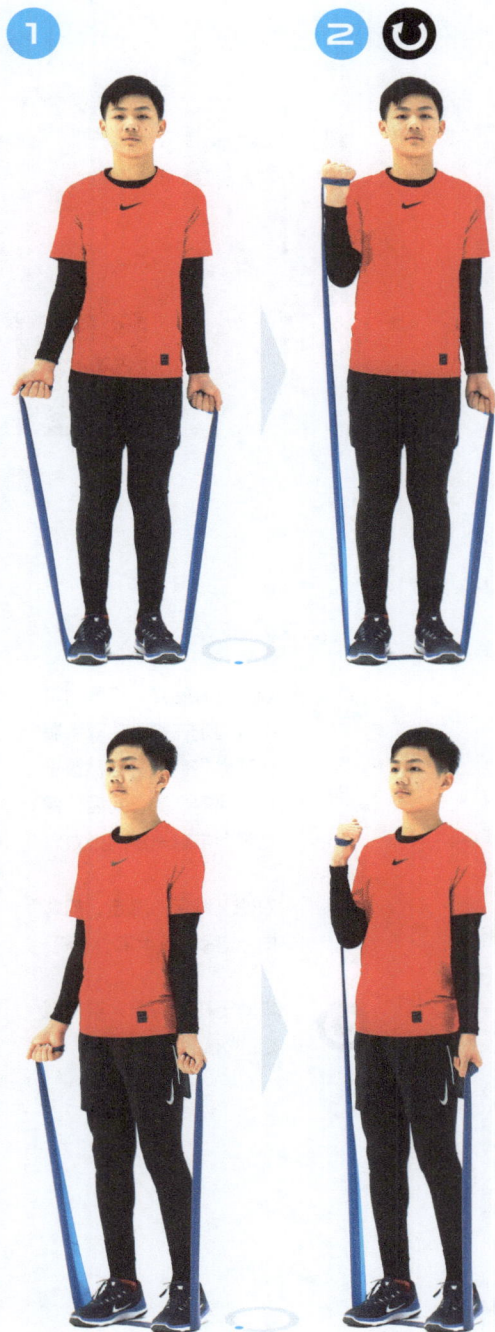

训练部位	**上肢**
主要肌肉	**肱二头肌**
训练板块	**力量练习、热身练习**
训练目标	**力量**
注意事项	**动作过程中保持身体稳定，手臂贴紧身体**

动作要点

1 双脚分开站立，将弹力带中段固定在脚下。双手握住弹力带两端并自然置于身体两侧，掌心向前，保持弹力带有一定的张力。

2 右侧上臂保持稳定，前臂向上弯举，右手掌心向后。左臂始终固定不动。

恢复至初始位置，重复规定的次数。换对侧重复上述动作过程。

弹力带 - 站姿 - 反向弯举 - 双臂

训练部位	上肢
主要肌肉	肱二头肌、肱桡肌
训练板块	力量练习、热身练习
训练目标	力量
注意事项	动作过程中保持身体稳定，手臂贴紧身体

 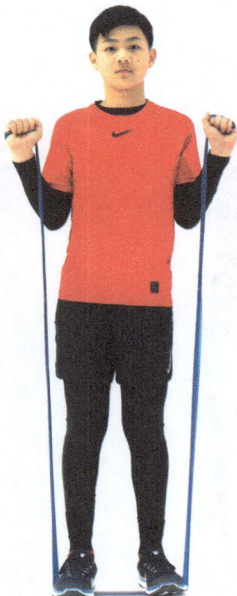

保持背部挺直

动作要点

1. 双脚分开站立，将弹力带中段固定在脚下。双手握住弹力带两端并自然置于身体两侧，掌心向后，保持弹力带有一定的张力。

2. 双侧上臂保持稳定，前臂向上弯举，双手掌心向前。

↻ 恢复至初始位置，重复规定的次数。

弹力带 - 站姿 - 反向弯举 - 单臂

训练部位	上肢
主要肌肉	肱二头肌、肱桡肌
训练板块	力量练习、热身练习
训练目标	力量
注意事项	动作过程中保持身体稳定，手臂贴紧身体

①

② ↻

动作要点

1 双脚分开站立，将弹力带中段固定在脚下。双手握住弹力带两端并自然置于身体两侧，掌心向后，保持弹力带有一定的张力。

2 右侧上臂保持稳定，前臂向上弯举，右手掌心向前。左臂始终固定不动。

↻ 恢复至初始位置，重复规定的次数。换对侧重复上述动作过程。

上肢和肩部

胸部和背部

躯干和全身

核心和腰腹

下肢和臀部

弹力带 - 站姿 - 颈后水平臂屈伸 - 双臂

训练部位　**上肢**

主要肌肉　**肱三头肌**

训练板块　**力量练习、热身练习、柔韧性练习**

训练目标　**力量、柔韧性**

注意事项　**动作过程中保持身体稳定**

动作要点

1 双脚分开站立，双手握住弹力带两端。双臂屈肘上举，上臂与地面平行，前臂与地面垂直。将弹力带放在脑后，并保持有一定的张力。

2 上臂尽量保持稳定，双手下拉弹力带至侧平举姿势。

↻ 恢复至初始位置，重复规定的次数。

弹力带 - 站姿 - 过顶臂屈伸 - 双臂

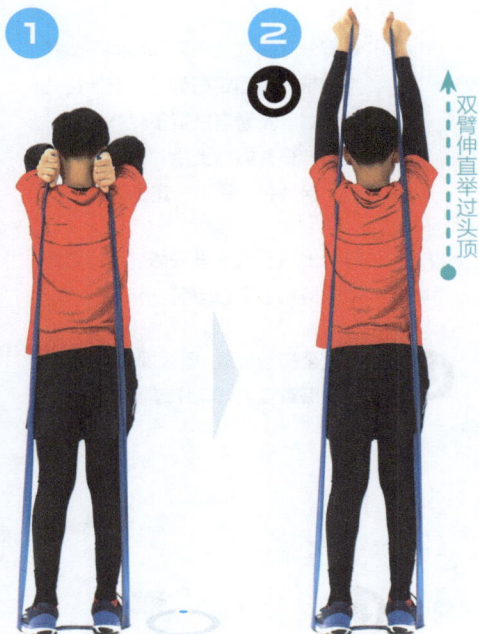

①

② ↻

双臂伸直举过头顶 ↑ ●

训练部位	**上肢**
主要肌肉	**肱三头肌**
训练板块	**力量练习、热身练习、柔韧性练习**
训练目标	**力量、柔韧性**
注意事项	**动作过程中保持身体稳定，手臂贴紧头部**

上肢和肩部

胸部和背部

躯干和全身

动作要点

① 双脚分开站立，将弹力带中段固定在脚下，双手握住弹力带两端。双臂紧贴头部两侧并向后屈肘，双手置于脑后，保持弹力带有一定的张力。

↓

② 双臂保持紧贴头部并向上完全伸直。

↓

↻ 恢复至初始位置，重复规定的次数。

核心和腰腹

下肢和臀部

弹力带 - 站姿 - 肩关节外展 - 旋外位

训练部位 **肩部**

主要肌肉 **肩关节周围肌群**

训练板块 **力量练习、热身练习**

训练目标 **力量**

注意事项 **动作过程中保持身体稳定，避免耸肩**

动作要点

1 双脚分开站立，距离与肩同宽。将弹力带一端固定在脚下，右手握住另一端。左臂自然置于身体左侧，右臂伸直并微微上抬，右手掌心向前，保持弹力带有一定的张力。

2 右臂上抬至侧平举姿势。动作过程中保持右手掌心向前。

↻ 恢复至初始位置，重复规定的次数。换对侧重复上述动作过程。

1

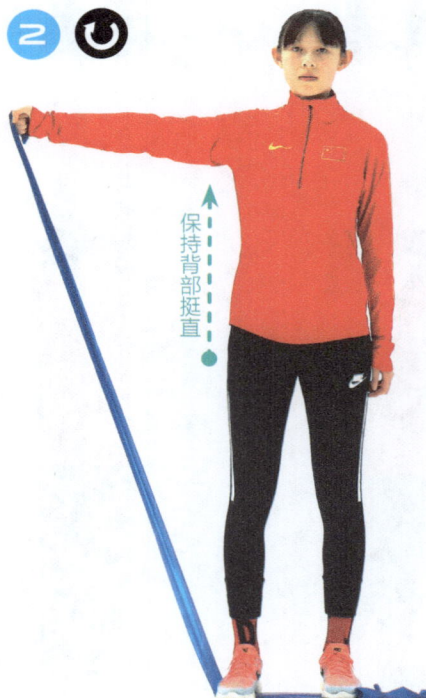

2 ↻

保持背部挺直

弹力带 - 站姿 - 肩关节外展 - 旋内位

训练部位　**肩部**

主要肌肉　**肩关节周围肌群**

训练板块　**力量练习、热身练习**

训练目标　**力量**

注意事项　**动作过程中保持身体稳定，避免耸肩**

动作要点

1 双脚分开站立，距离与肩同宽。将弹力带一端固定在脚下，右手握住另一端。左臂自然置于身体左侧，右臂伸直并微微上抬，右手掌心向后，保持弹力带有一定的张力。

2 右臂上抬至侧平举姿势。动作过程中保持右手掌心向后。

↻ 恢复至初始位置，重复规定的次数。换对侧重复上述动作过程。

弹力带 - 站姿 - 单臂稳定下砍 - 外固定

训练部位 肩部

主要肌肉 肩关节周围肌群

训练板块 力量练习、热身练习

训练目标 力量、稳定

注意事项 动作过程中保持骨盆稳定向前

动作要点

① 双脚分开站立，距离与肩同宽。将弹力带一端固定在身体右侧的高处，左臂上抬并用左手握住弹力带的另一端，保持弹力带有一定的张力。

② 躯干及下肢保持稳定，左手沿对角线下拉弹力带。

↻ 恢复至初始位置，重复规定的次数。换对侧重复上述动作过程。

弹力带 - 站姿 - 肩关节旋内

①

保持背部挺直

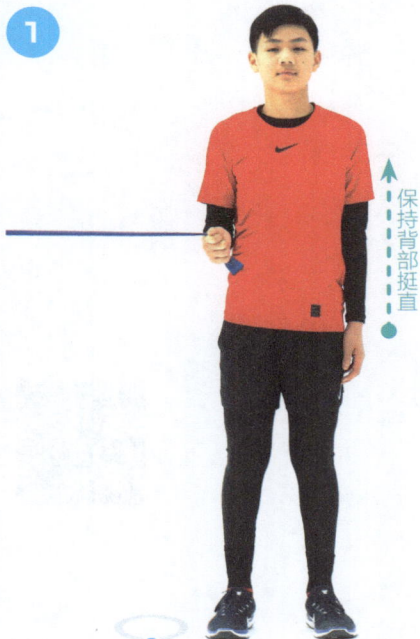

训练部位	**肩部**
主要肌肉	**肩关节周围肌群**
训练板块	**力量练习、热身练习**
训练目标	**力量**
注意事项	**动作过程中保持身体稳定，上臂贴紧身体**

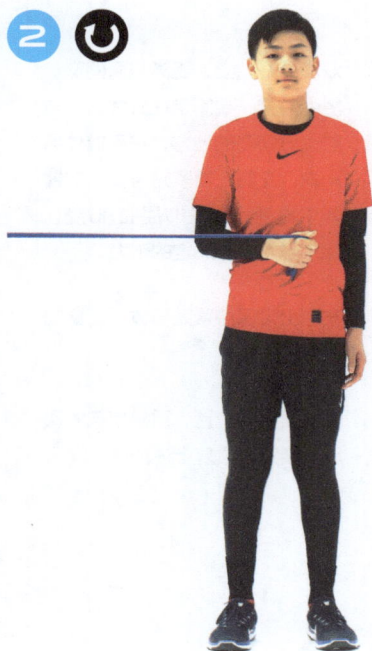

上肢和肩部

胸部和背部

躯干和全身

核心和腰腹

下肢和臀部

② **↻**

动作要点

① 双脚分开站立，距离与肩同宽。将弹力带一端固定在身体右侧与肘关节同高的地方，右手握住另一端。右侧上臂紧贴身体，肘关节向上屈曲90度，保持弹力带有一定的张力。

② 右侧上臂保持紧贴身体，前臂向左侧转动。

↻ 恢复至初始位置，重复规定的次数。换对侧重复上述动作过程。

弹力带 - 站姿 - 肩关节旋外

训练部位	肩部
主要肌肉	肩关节周围肌群
训练板块	力量练习、热身练习
训练目标	力量
注意事项	动作过程中保持身体稳定，上臂贴紧身体

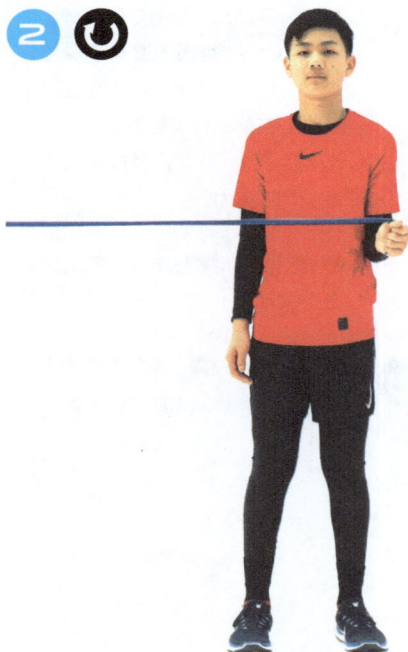

动作要点

1. 双脚分开站立，距离与肩同宽。将弹力带一端固定在身体右侧与肘关节同高的地方，左手握住另一端。左侧上臂紧贴身体，前臂置于身前且肘关节屈曲90度，保持弹力带有一定的张力。

2. 左侧上臂保持紧贴身体，前臂向左侧转动。

恢复至初始位置，重复规定的次数。换对侧重复上述动作过程。

弹力带 - 站姿 - 水平弯举 - 单臂

1

保持背部挺直

训练部位	上肢
主要肌肉	肱二头肌
训练板块	力量练习、热身练习
训练目标	力量
注意事项	动作过程中保持身体稳定

2 ↻

动作要点

1 双脚分开站立，距离与肩同宽。将弹力带一端固定在身体正前方与肩同高的地方，右手握住另一端。右臂上抬至上臂与地面平行，右肘屈曲，左侧上臂紧贴身体且左手扶住右肘，保持弹力带有一定的张力。

2 右侧上臂及肘关节位置保持固定，前臂向身体一侧抗阻弯举。

↻ 恢复至初始位置，重复规定的次数。换对侧重复上述动作过程。

上肢和肩部

胸部和背部

躯干和全身

核心和腰腹

下肢和臀部

弹力带 - 站姿 - 水平旋外 - 单臂

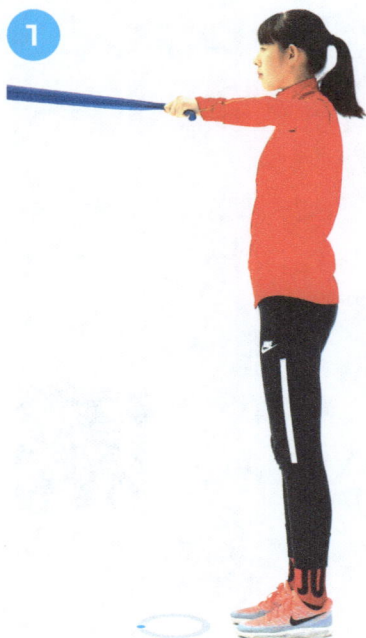

①

训练部位	肩部
主要肌肉	肩关节周围肌群
训练板块	力量练习、热身练习
训练目标	力量
注意事项	动作过程中保持身体稳定，避免耸肩

② ↻

动作要点

① 双脚分开站立，距离与肩同宽。将弹力带一端固定在身体正前方与肩同高的地方，左手握住另一端。左侧上臂抬起至与肩关节呈一条直线，左肘屈曲90度且前臂与地面平行，保持弹力带有一定的张力。

② 左侧上臂及肘关节位置保持固定，前臂向上方转动。

↻ 恢复至初始位置，重复规定的次数。换对侧重复上述动作过程。

弹力带 - 站姿 - 单臂稳定上提 - 外固定

训练部位	**肩部**
主要肌肉	**肩关节周围肌群**
训练板块	**力量练习、热身练习**
训练目标	**力量、稳定**
注意事项	**动作过程中保持骨盆稳定向前**

上肢和肩部

胸部和背部

躯干和全身

核心和腰腹

下肢和臀部

动作要点

1. 双脚分开站立，距离与肩同宽。将弹力带一端固定在身体右侧的低处，左手握住另一端且置于右侧髋关节处，右臂自然置于身体右侧，保持弹力带有一定的张力。

2. 躯干及下肢保持稳定，左手沿对角线上拉弹力带。

↻ 恢复至初始位置，重复规定的次数。换对侧重复上述动作过程。

弹力带 - 站姿 - 肩关节后伸 - 单侧 - 后阻力

①

训练部位	肩部
主要肌肉	肩关节周围肌群
训练板块	力量练习、灵活性练习、热身练习
训练目标	力量、灵活
注意事项	动作过程中保持身体稳定

②

动作要点

1 双脚分开站立，距离与肩同宽。将弹力带一端固定在身体后方的高处，右臂向斜上方抬起并用右手握住弹力带的另一端，保持弹力带有一定的张力。

2 躯干及下肢保持稳定，右手下拉弹力带，至右臂与地面垂直。动作过程中保持手臂伸直。

恢复至初始位置，重复规定的次数。换对侧重复上述动作过程。

弹力带-站姿-水平旋外-双臂

训练部位　**肩部**

主要肌肉　**肩关节周围肌群**

训练板块　**力量练习、热身练习**

训练目标　**力量**

注意事项　**动作过程中保持身体稳
　　　　　定，避免耸肩**

动作要点

1 双脚分开站立，距离与肩同宽。将弹
力带中段固定在身体正前方的低处，
双手握住弹力带的两端。双臂水平向
上抬起至上臂与肩关节呈一条直线，
双肘屈曲90度，保持弹力带有一定
的张力。

2 双侧上臂及肘关节位置保持固定，前
臂向上方转动。

↻ 恢复至初始位置，重复规定的次数。
换对侧重复上述动作过程。

弹力带 - 哑铃 - 站姿 - 前平举 - 双臂

训练部位　肩部

主要肌肉　肩关节周围肌群

训练板块　力量练习

训练目标　力量

辅助器械　哑铃

注意事项　动作过程中保持身体稳定，避免耸肩

动作要点

1　双脚分开站立，距离与肩同宽。将弹力带中段固定在脚下，两端分别缠绕在两只哑铃上。双手握住哑铃并置于身前，双手掌心向后，保持弹力带有一定的张力。

2　双臂上抬至前平举姿势。动作过程中保持双臂伸直。

↻　恢复至初始位置，重复规定的次数。

弹力带 - 哑铃 - 站姿 - 基本弯举 - 单臂

训练部位　**上肢**

主要肌肉　**肱二头肌**

训练板块　**力量练习**

训练目标　**力量**

辅助器械　**哑铃**

注意事项　**动作过程中保持身体稳定，手臂贴紧身体**

动作要点

1 将弹力带一端固定在脚下，另一端缠绕于哑铃上。左臂自然置于身体左侧，右手握住哑铃并置于身前，右手掌心向前，保持弹力带有一定的张力。

2 右侧上臂保持稳定，前臂向上弯举，右手掌心向后。

↻ 恢复至初始位置，重复规定的次数。换对侧重复上述动作过程。

1

2 ↻

保持背部挺直

3.1.2 分腿及弓步姿

弹力带 - 分腿站姿 - 屈腕练习 - 单臂

训练部位　　**上肢**

主要肌肉　　**屈腕肌群**

训练板块　　**力量练习、热身练习**

训练目标　　**力量**

注意事项　　**动作过程中保持身体
　　　　　　稳定，手臂水平**

1　　　　**2** ○

动作要点

1 左脚在前、右脚在后站立。将弹力带一端固定在左脚下，右手握住另一端。左臂自然置于身体左侧，右臂前平举，右手掌心向上，保持弹力带有一定的张力。

2 右臂保持稳定，右手向上屈腕。

○ 恢复至初始位置，重复规定的次数。换对侧重复上述动作过程。

弹力带 - 分腿站姿 - 伸腕练习 - 单臂

训练部位	上肢
主要肌肉	伸腕肌群
训练板块	力量练习、热身练习
训练目标	力量
注意事项	动作过程中保持身体稳定，手臂水平

1

2 ↻

动作要点

1 左脚在前、右脚在后站立。将弹力带一端固定在左脚下，右手握住另一端。左臂自然置于身体左侧，右臂前平举，右手掌心向下，保持弹力带有一定的张力。

2 右臂保持稳定，右手向上伸腕。

↻ 恢复至初始位置，重复规定的次数。换对侧重复上述动作过程。

上肢和肩部

胸部和背部

躯干和全身

核心和腰腹

下肢和臀部

弹力带 - 分腿站姿 - 前臂旋前 - 单臂

訓练部位　**上肢**

主要肌肉　**前臂旋前肌群**

訓练板块　**力量练习、热身练习**

訓练目标　**力量**

注意事项　**动作过程中保持身体稳定，避免耸肩**

动作要点

1 左脚在前、右脚在后站立。将弹力带一端固定在左脚下，右手握住另一端。左臂自然置于身体左侧，右臂前平举，右手掌心向上，保持弹力带有一定的张力。

2 右臂保持与地面平行，前臂向内侧旋转，至右手掌心向下。

⟳ 恢复至初始位置，重复规定的次数。换对侧重复上述动作过程。

弹力带 - 分腿站姿 - 前平举 - 双臂

训练部位　肩部

主要肌肉　肩关节周围肌群

训练板块　力量练习、热身练习

训练目标　力量

注意事项　动作过程中保持身体稳定，避免耸肩

动作要点

1　右脚在前、左脚在后站立，距离约为一只脚的长度。将弹力带中段固定在右脚下，双手握住弹力带两端。双臂平行伸直且于身前微微上抬，双手掌心向后，保持弹力带有一定的张力。

2　双臂上拉弹力带，至前平举姿势，双手掌心向下。动作过程中保持双臂伸直。

↻　恢复至初始位置，重复规定的次数。

弹力带 - 分腿站姿 - 前平举 - 单臂

训练部位　**肩部**

主要肌肉　**肩关节周围肌群**

训练板块　**力量练习、热身练习**

训练目标　**力量**

注意事项　**动作过程中保持身体稳定，避免耸肩**

动作要点

① 右脚在前、左脚在后站立，距离约为一只脚的长度。将弹力带中段固定在右脚下，双手握住弹力带两端。右臂自然置于身体右侧，左臂伸直且于身前微微上抬，左手掌心向后，保持弹力带有一定的张力。

② 左臂上拉弹力带，至前平举姿势，左手掌心向下。动作过程中保持左臂伸直。

↻ 恢复至初始位置，重复规定的次数。换对侧重复上述动作过程。

弹力带 - 分腿站姿 - 侧平举 - 双臂

训练部位　**肩部**

主要肌肉　**肩关节周围肌群**

训练板块　**力量练习、热身练习**

训练目标　**力量**

注意事项　**动作过程中保持身体稳定，避免耸肩**

动作要点

1 右脚在前、左脚在后站立。将弹力带中段固定在右脚下，双手握住弹力带两端。双臂伸直且于身体两侧微微上抬，双手掌心朝向身体，保持弹力带有一定的张力。

2 双臂上拉弹力带，至侧平举姿势，双手掌心向下。动作过程中保持双臂伸直、身体挺直。

↻ 恢复至初始位置，重复规定的次数。

上肢和肩部

胸部和背部

躯干和全身

核心和腰腹

下肢和臀部

弹力带 - 高分腿姿 - 前推 - 斜下

训练部位　上肢、肩部、胸部

主要肌肉　胸大肌、肱三头肌、肩关节周围肌群

训练板块　力量练习、热身练习

训练目标　力量

注意事项　动作过程中保持身体稳定

动作要点

1 左脚在前、右脚在后站立，左腿微屈，呈高分腿姿势。左手将弹力带的一端固定在右肩上，右臂屈肘且保持上臂与躯干在同一平面内，右手握住弹力带的另一端并置于胸前，保持弹力带有一定的张力。

2 右手下拉弹力带，至右臂完全伸直。动作过程中避免耸肩，保持背部挺直。

↻ 恢复至初始位置，重复规定的次数。换对侧重复上述动作过程。

弹力带 - 高分腿姿 - 基本弯举 - 双臂

训练部位　**上肢**

主要肌肉　**肱二头肌**

训练板块　**力量练习、热身练习**

训练目标　**力量**

注意事项　**动作过程中保持身体稳定，手臂贴紧身体**

动作要点

1 右脚在前、左脚在后站立，右腿微屈，呈高分腿姿势。将弹力带中段固定在右脚下，双手握住弹力带两端。双侧上臂紧贴身体，肘关节竖直向上屈曲90度，双手掌心朝上，保持弹力带有一定的张力。

2 双侧上臂保持稳定，前臂向上弯举，双手掌心向后。动作过程中避免耸肩，保持背部挺直。

↻ 恢复至初始位置，重复规定的次数。

弹力带 - 高分腿姿 - 臂屈伸 - 单臂

训练部位　**上肢**

主要肌肉　**肱三头肌**

训练板块　**力量练习、热身练习**

训练目标　**力量**

注意事项　**动作过程中保持身体稳定，手臂贴紧身体**

动作要点

1 右脚在前、左脚在后站立，右腿微屈，呈高分腿姿势。将弹力带中段固定在右脚下，双手握住弹力带两端。向前俯身，右臂伸直且右手支撑于右侧膝关节上。左侧上臂紧贴躯干，左肘向上屈曲，左手掌心向右，保持弹力带有一定的张力。

2 右臂、躯干及下肢保持稳定，左手向后拉弹力带，至左臂完全伸直。

↻ 恢复至初始位置，重复规定的次数。换对侧重复上述动作过程。

1

2 ↻

弹力带 - 分腿站姿 - 臂屈伸 - 过顶

训练部位	上肢
主要肌肉	肱三头肌
训练板块	力量练习、热身练习
训练目标	力量
注意事项	动作过程中保持身体稳定

动作要点

1 右脚在前、左脚在后站立。将弹力带一端固定在右脚下，右手握住另一端。双臂屈肘上抬至与地面平行，左手扶住右肘，右手置于头侧，保持弹力带有一定的张力。

2 右手向斜上方拉弹力带，至右臂完全伸直，右手举过头顶。

↻ 恢复至初始位置，重复规定的次数。换对侧重复上述动作过程。

上肢和肩部

胸部和背部

躯干和全身

核心和腰腹

下肢和臀部

弹力带 - 半跪姿 - 水平弯举 - 双臂

训练部位	上肢、核心
主要肌肉	核心肌群、肩关节周围肌群
训练板块	力量练习、稳定性练习
训练目标	力量、稳定
辅助器械	瑜伽垫
注意事项	动作过程中保持身体稳定，上臂位置不变

动作要点

1 左腿在前、右腿在后，双腿屈曲90度，呈半跪姿。将弹力带的两端固定在身体正前方的高处，双臂前平举且用双手握住弹力带中段，保持弹力带有一定的张力。

2 双侧上臂保持稳定，前臂向身体一侧抗阻弯举，双手掌心向后。动作过程中避免耸肩。

恢复至初始位置，重复规定的次数。

3.1.3 坐姿

弹力带 - 坐姿 - 伸腕练习 - 单臂

训练部位	**上肢**
主要肌肉	**伸腕肌群**
训练板块	**力量练习、热身练习**
训练目标	**力量、稳定**
辅助器械	**训练椅**
注意事项	**动作过程中保持手臂不动**

动作要点

1 坐在训练椅上，将弹力带一端固定在左脚下，左手握住另一端。向前俯身，右侧前臂自然置于双腿上，左肘置于左腿膝关节附近。左手手腕悬空且向下屈曲，掌心向后，保持弹力带有一定的张力。

2 左臂保持稳定，左手向上伸腕。

↻ 恢复至初始位置，重复规定的次数。换对侧重复上述动作过程。

弹力带 - 坐姿 - 屈腕练习 - 单臂

训练部位	上肢
主要肌肉	屈腕肌群
训练板块	力量练习、热身练习
训练目标	力量、稳定
辅助器械	训练椅
注意事项	动作过程中保持手臂不动

动作要点

1 坐在训练椅上，将弹力带一端固定在左脚下，左手握住另一端。向前俯身，右侧前臂自然置于双腿上，左肘置于左腿膝关节附近。左手手腕悬空且向下伸展，掌心向前，保持弹力带有一定的张力。

2 左臂保持稳定，左手向上屈腕。

↻ 恢复至初始位置，重复规定的次数。换对侧重复上述动作过程。

弹力带 - 坐姿 - 肱二头肌弯举 - 双臂

训练部位	**上肢**
主要肌肉	**肱二头肌**
训练板块	**力量练习、热身练习**
训练目标	**力量、稳定**
辅助器械	**训练椅**
注意事项	**动作过程中保持上身挺直，上臂贴紧身体**

动作要点

1 坐在训练椅上，双脚、双腿分开，距离与肩同宽。将弹力带中段固定在脚下，双手握住两端。双侧上臂紧贴身体，双手置于双腿两侧，保持弹力带有一定的张力。

2 双侧上臂尽量保持稳定，前臂向上抗阻弯举，双手掌心向后。动作过程中避免耸肩。

⟳ 恢复至初始位置，重复规定的次数。

弹力带 - 坐姿 - 臂屈伸 - 单臂

训练部位　上肢

主要肌肉　肱三头肌

训练板块　力量练习、热身练习

训练目标　力量

辅助器械　训练椅

注意事项　动作过程中保持上身挺直

①

② ↻

动作要点

① 坐在训练椅上，双脚、双腿分开，距离与肩同宽。将弹力带中段固定在脚下，双手握住两端。右臂自然置于身体右侧，左侧上臂紧贴身体。左肘向上屈曲 90 度，左手掌心向右，保持弹力带有一定的张力。

② 右臂、躯干及下肢保持稳定，左手向后拉弹力带，至左臂完全伸直。

↻ 恢复至初始位置，重复规定的次数。换对侧重复上述动作过程。

弹力带 - 坐姿 - 水平外展

训练部位　**肩部**

主要肌肉　**肩关节周围肌群**

训练板块　**力量练习、热身练习**

训练目标　**力量**

辅助器械　**训练椅**

注意事项　**动作过程中避免耸肩**

动作要点

1　坐在训练椅上，将弹力带中段固定在臀部下方，双手握住两端。双臂伸直且于身体两侧微微上抬，双手掌心向前，保持弹力带有一定的张力。

2　双臂上抬至侧平举姿势。动作过程中保持掌心向前。

↻　恢复至初始位置，重复规定的次数。

弹力带 - 坐姿 - 推举 - 双臂

训练部位　上肢、肩部、背部

主要肌肉　肱三头肌、斜方肌、肩关节周围肌群

训练板块　力量练习、热身练习

训练目标　力量

辅助器械　训练椅

注意事项　动作过程中上身挺直

动作要点

1. 坐在训练椅上，将弹力带中段固定在臀部下方，双手握住两端。双臂屈曲且保持与躯干在同一平面内，双手与肩关节同高，保持弹力带有一定的张力。

2. 双臂向上推举，至肘关节完全伸直。动作过程中保持掌心向前。

↻ 恢复至初始位置，重复规定的次数。

3.1.4 其他

弹力带 - 俯身 - 臂屈伸 - 双臂

训练部位　**上肢**

主要肌肉　**肱三头肌**

训练板块　**力量练习、热身练习**

训练目标　**力量**

注意事项　**动作过程中保持身体稳定，上臂贴紧身体**

动作要点

1　双脚分开站立，距离与肩同宽，双腿微屈，向前俯身45度。将弹力带中段固定在身体正前方的高处，双手握住两端。双侧上臂紧贴身体，双肘向上屈曲90度，双手掌心相对，保持弹力带有一定的张力。

2　双手向后拉弹力带，至双臂于身体两侧完全伸直。动作过程中避免耸肩，保持背部挺直。

↻　恢复至初始位置，重复规定的次数。

上肢和肩部

胸部和背部

躯干和全身

核心和腰腹

下肢和臀部

弹力带 - 俯身 - 后拉 - 双臂

训练部位　**上肢、肩部**

主要肌肉　**背阔肌、胸大肌**

训练板块　**力量练习、热身练习**

训练目标　**力量**

注意事项　**动作过程中保持身体稳定，背部挺直**

动作要点

1 双脚分开站立，距离与肩同宽，双腿微屈，向前俯身。将弹力带中段固定在身体正前方的低处，双手握住两端。双臂于体前伸直，双手掌心相对，保持弹力带有一定的张力。

2 双臂后拉弹力带至髋关节两侧。动作过程中保持手臂伸直，背部挺直，避免耸肩。

↻ 恢复至初始位置，重复规定的次数。

1

2 ↻

弹力带 - 训练椅 - 臂屈伸 - 双臂

训练部位	**上肢、肩部**
主要肌肉	**肱三头肌、肩关节周围肌群**
训练板块	**力量练习**
训练目标	**力量**
辅助器械	**训练椅**
注意事项	**动作过程中避免肘关节外展**

①

②　◐

动作要点

1 将弹力带中段绕于颈后，经过肩关节，用双手握住两端。双脚分开，距离与肩同宽。双腿屈曲90度，大腿与地面平行，同时双臂伸直，双手支撑于训练椅上且指尖向前，保持弹力带有一定的张力。

2 弯曲双肘，身体向下蹲。动作过程中保持身体挺直，避免耸肩。

◐ 恢复至初始位置，重复规定的次数。

弹力带 - 跪姿 - 旋内伸肘 - 单臂

训练部位　**上肢、肩部**

主要肌肉　**肩关节周围肌群、肱三头肌**

训练板块　**力量练习、灵活性练习、柔韧性练习、热身练习**

训练目标　**力量、灵活、柔韧**

辅助器械　**瑜伽垫**

注意事项　**动作过程中保持身体稳定，避免耸肩**

动作要点

1 双脚、双腿分开跪于垫上。双手握住弹力带两端，左臂伸直，左手撑地，右臂屈肘且夹紧身体，右手置于体前，保持弹力带有一定的张力。

2 右臂旋内并斜向上拉弹力带。

3 右臂继续旋内并斜向上拉弹力带至肘关节完全伸直。动作过程中保持髋关节稳定。

↻ 恢复至初始位置，重复规定的次数。换对侧重复上述动作过程。

3.2 胸部和背部

3.2.1 胸部

弹力带 - 站姿 - 飞鸟

训练部位 **胸部**

主要肌肉 **胸大肌、肩关节周围肌群**

训练板块 **力量练习、热身练习**

训练目标 **力量**

注意事项 **动作过程中避免耸肩**

动作要点

1 双脚分开站立，将弹力带中段置于背后并用双手握住两端。双手掌心向前，双臂侧平举，保持弹力带有一定的张力。

2 双臂做飞鸟练习，双手掌心相对。动作过程中保持双臂伸直。

↻ 恢复至初始位置，重复规定的次数。

1

2 ↻

上肢和肩部

胸部和背部

躯干和全身

核心和腰腹

下肢和臀部

弹力带 - 站姿 - 胸前水平推 - 双臂

训练部位　　**胸部**

主要肌肉　　**胸大肌、肩关节周围肌群**

训练板块　　**力量练习、热身练习**

训练目标　　**力量**

注意事项　　**动作过程中避免耸肩，保持背部挺直**

动作要点

① 双脚分开站立，距离与肩同宽。将弹力带中段置于背后，用双手握住两端，双侧上臂紧贴身体。双肘屈曲，前臂平行置于身体两侧，掌心相对，保持弹力带有一定的张力。

② 双臂向前推至前平举姿势。

↻ 恢复至初始位置，重复规定的次数。

保持背部挺直

弹力带 - 站姿 - 胸前水平推 - 交替

训练部位　**胸部**

主要肌肉　**胸大肌、肩关节周围肌群**

训练板块　**力量练习、热身练习**

训练目标　**力量**

注意事项　**动作过程中避免耸肩**

动作要点

1 双脚分开站立，距离与肩同宽。将弹力带中段置于背后，用双手握住两端，双侧上臂紧贴身体。双肘屈曲，前臂平行置于身体两侧，掌心相对，保持弹力带有一定的张力。

2 左臂保持稳定，右臂向前推至前平举姿势。

↻ 恢复至初始位置，换对侧重复上述动作。重复规定的次数。

上肢和肩部

胸部和背部

躯干和全身

核心和腰腹

下肢和臀部

弹力带 - 站姿 - 胸前斜上推 - 双臂

训练部位　　**胸部**

主要肌肉　　**胸大肌、肩关节周围肌群**

训练板块　　**力量练习、热身练习**

训练目标　　**力量**

注意事项　　**动作过程中避免耸肩**

动作要点

1 双脚分开站立，距离与肩同宽。将弹力带中段置于背后，双手握住两端。双臂屈肘且微微向两侧打开，保持弹力带有一定的张力。

2 双臂向斜上方推出，至肘关节完全伸直。

↻ 恢复至初始位置，重复规定的次数。

弹力带 - 站姿 - 胸前斜上推 - 交替

训练部位　**胸部**

主要肌肉　**胸大肌、肩关节周围肌群**

训练板块　**力量练习、热身练习**

训练目标　**力量**

注意事项　**动作过程中避免耸肩**

动作要点

1 双脚分开站立，距离与肩同宽。将弹力带中段置于背后，双手握住两端。双臂屈肘且微微向两侧打开，保持弹力带有一定的张力。

2 左臂保持稳定，右臂向斜上方推出，至肘关节完全伸直。

↻ 恢复至初始位置，换对侧重复上述动作。重复规定的次数。

上肢和肩部

胸部和背部

躯干和全身

核心和腰腹

下肢和臀部

弹力带 - 坐姿 - 前推 - 双臂

训练部位	**胸部**
主要肌肉	**胸大肌**
训练板块	**力量练习、热身练习**
训练目标	**力量**
辅助器械	**训练椅**
注意事项	**动作过程中保持上身挺直，避免耸肩**

动作要点

1 坐在训练椅上，双脚、双腿分开，距离与肩同宽。将弹力带中段置于背后并用双手握住两端。双侧上臂紧贴身体，肘关节屈曲90度，双手掌心相对，保持弹力带有一定的张力。

2 双臂向前推至前平举姿势。

↻ 恢复至初始位置，重复规定的次数。

弹力带 - 哑铃 - 仰卧 - 胸前推 - 双臂

训练部位	胸部
主要肌肉	胸大肌
训练板块	力量练习
训练目标	力量
辅助器械	哑铃
注意事项	动作过程中保持身体紧贴地面

动作要点

1 身体呈仰卧姿势，屈膝，双脚支撑于垫子上。将弹力带中段固定于背后并将两端缠绕在哑铃上，双手握住哑铃。双侧上臂紧贴身体，肘关节向上屈曲90度，双手掌心相对，保持弹力带有一定的张力。

2 双臂向上推至前平举姿势，双手掌心相对。

↻ 恢复至初始位置，重复规定的次数。

1

2 **↻**

上肢和肩部

胸部和背部

躯干和全身

核心和腰腹

下肢和臀部

弹力带 - 哑铃 - 仰卧 - 飞鸟 - 双臂

训练部位　　**胸部**

主要肌肉　　**胸大肌**

训练板块　　**力量练习**

训练目标　　**力量**

辅助器械　　**哑铃**

注意事项　　**动作过程中保持身体紧贴地面**

动作要点

1 身体呈仰卧姿势，屈膝，双脚支撑于垫子上。将弹力带中段固定于背后并将两端缠绕在哑铃上，双手握住哑铃。双臂侧平举，保持弹力带有一定的张力。

2 双臂向上做飞鸟练习，双手掌心相对。

↻ 恢复至初始位置，重复规定的次数。

1

2 ↻

弹力带 - 俯卧撑

训练部位	胸部
主要肌肉	胸大肌、肱三头肌、前锯肌、核心肌群
训练板块	力量练习
训练目标	力量
辅助器械	瑜伽垫
注意事项	动作过程中保持肩关节、髋关节、膝关节及踝关节呈一条直线

动作要点

1 将弹力带中段置于背后，双手握住两端。身体呈俯卧姿势，双手与双脚脚尖支撑于垫子上，其中双手位于肩关节正下方，身体呈一条直线。

2 身体向下做俯卧撑动作。

↻ 恢复至初始位置，重复规定的次数。

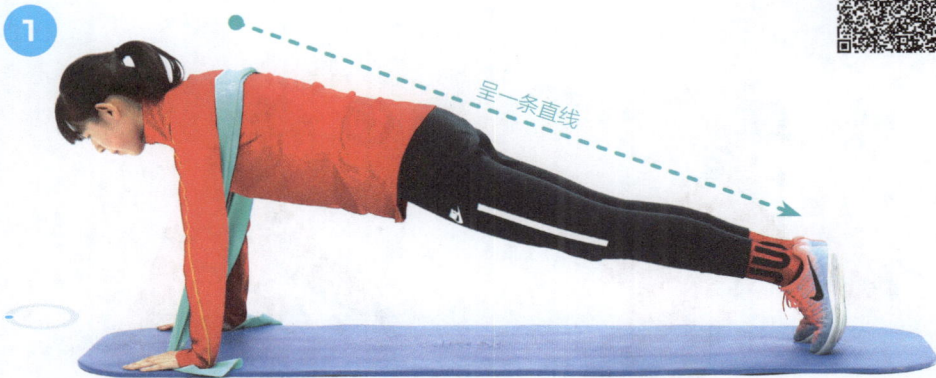

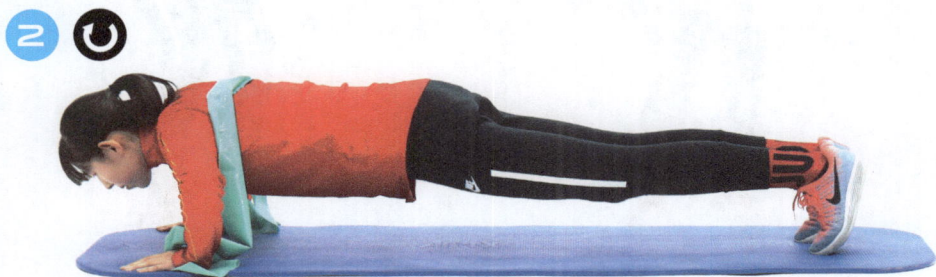

① 呈一条直线

② **↻**

上肢和肩部

胸部和背部

躯干和全身

核心和腰腹

下肢和臀部

弹力带 - 站姿 - 肩胛骨运动

训练部位 **胸部、肩部**

主要肌肉 **胸大肌、肩关节周围肌群**

训练板块 **力量练习、热身练习、灵活性练习**

训练目标 **力量**

注意事项 **动作过程中避免手臂向前发力**

动作要点

1 双脚分开站立，距离与肩同宽。将弹力带中段置于背后并用双手握住两端，向前俯身，双腿微屈。双臂屈肘且微微向两侧打开，前臂与地面平行，双手掌心相对，保持弹力带有一定的张力。

2 两侧肩胛骨向前运动，呈拥抱姿势。

↻ 恢复至初始位置，重复规定的次数。

3.2.2　背部

弹力带 - 站姿 - 肩上推举 - 双臂

训练部位　**背部、肩部**

主要肌肉　**斜方肌、肩关节周围肌群**

训练板块　**力量练习、热身练习**

训练目标　**力量**

注意事项　**动作过程中避免耸肩**

上肢和肩部

胸部和背部

躯干和全身

核心和腰腹

下肢和臀部

动作要点

1. 双脚分开站立，距离与肩同宽。将弹力带中段固定在脚下，经过身后，双手握住两端。双臂屈肘且微微向两侧打开，双手置于肩关节正上方，保持弹力带有一定的张力。

2. 双臂向上推举，至肘关节完全伸直。

↻ 恢复至初始位置，重复规定的次数。

双臂伸直举过头顶

弹力带 - 分腿站姿 - 肩上推举 - 交替

训练部位	背部、肩部
主要肌肉	斜方肌、肩关节周围肌群
训练板块	力量练习、热身练习
训练目标	力量
注意事项	动作过程中保持身体稳定，避免耸肩

动作要点

1 右脚在前、左脚在后站立。将弹力带中段固定在右脚下，双手握住两端。双臂屈肘上抬至上臂与地面平行，双手置于肩关节正上方，保持弹力带有一定的张力。

2 左臂保持稳定，右臂向上推举，至肘关节完全伸直。

↻ 恢复至初始位置，换对侧重复上述动作。重复规定的次数。

弹力带 - 站姿 - 反向飞鸟

训练部位　背部

主要肌肉　斜方肌、菱形肌、肩关节周围肌群

训练板块　力量练习、热身练习

训练目标　力量

注意事项　动作过程中保持身体稳定，避免耸肩

动作要点

1 双脚分开站立，距离与肩同宽。双手握住弹力带两端。双臂前平举，双手掌心相对，保持弹力带有一定的张力。

2 双臂水平向两侧打开，做反向飞鸟练习。动作过程中保持双臂伸直。

↻ 恢复至初始位置，重复规定的次数。

弹力带 - 剪草机后拉 - 单臂

训练部位　**背部**

主要肌肉　**斜方肌、菱形肌、肩关节 周围肌群**

训练板块　**力量练习、热身练习**

训练目标　**力量**

注意事项　**动作过程中身体稳定，避 免耸肩**

动作要点

1 右脚在前、左脚在后站立，右腿屈曲，呈高分腿姿势。将弹力带的一端固定在右脚下，左手握住另一端。向前俯身，右手支撑于右侧膝关节上，左臂置于身体左侧，保持弹力带有一定的张力。

2 右臂、躯干及下肢保持稳定，左臂屈肘后拉弹力带。

↻ 恢复至初始位置，重复规定的次数。换对侧重复上述动作过程。

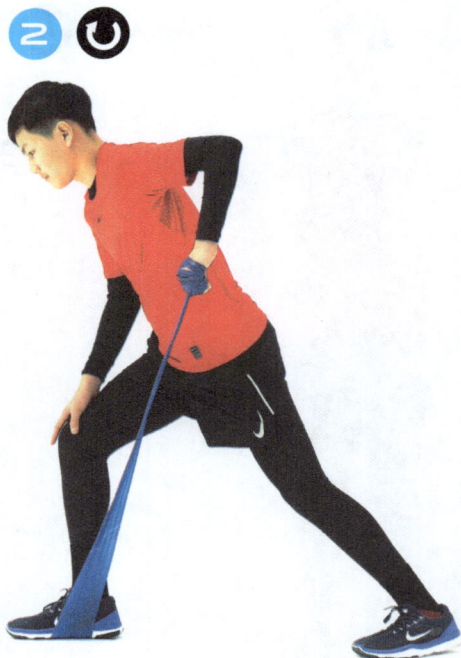

弹力带 - 坐姿 - 直腿后拉划船

训练部位 **背部**

主要肌肉 **斜方肌、菱形肌、肩关节周围肌群、核心肌群**

训练板块 **力量练习、热身练习**

训练目标 **力量**

辅助器械 **瑜伽垫**

注意事项 **动作过程中保持上身挺直，避免耸肩**

动作要点

1 双腿、双脚并拢坐在垫子上，上身挺直。将弹力带中段固定在脚下，双手握住两端并自然置于身体两侧，保持弹力带有一定的张力。

2 躯干及下肢保持稳定，双臂贴紧身体向后拉弹力带。

↻ 恢复至初始位置，重复规定的次数。

1

2 ↻

弹力带 - 站姿 - 水平后拉划船练习 - 双臂

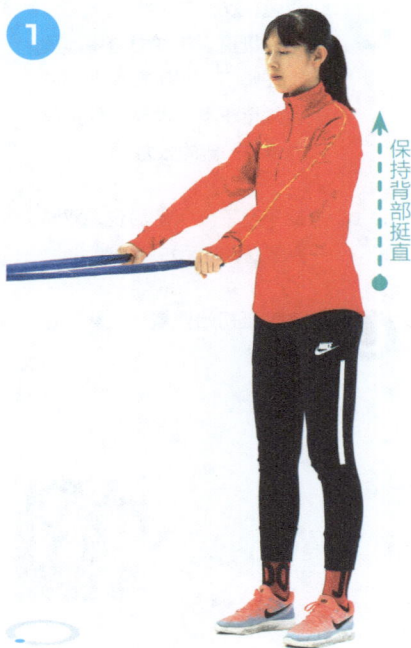

①

保持背部挺直

训练部位	背部
主要肌肉	斜方肌、菱形肌、肩关节周围肌群
训练板块	力量练习、热身练习
训练目标	力量
注意事项	动作过程中保持身体稳定，背部挺直，避免耸肩

② ↻

动作要点

① 双脚分开站立，距离与肩同宽。将弹力带中段固定在身体正前方与髋关节同高的地方，双手握住两端。双臂平行伸直且于身前微微上抬，双手掌心向下，保持弹力带有一定的张力。

② 双臂水平后拉弹力带，至上臂与肩关节呈一条直线，前臂屈曲90度且平行于地面。

↻ 恢复至初始位置，重复规定的次数。

弹力带 - 站姿 - 水平肩胛骨挤压练习 - 双臂

训练部位	**背部**
主要肌肉	**菱形肌、肩关节周围肌群**
训练板块	**力量练习、热身练习**
训练目标	**力量**
注意事项	**动作过程中保持上身挺直，避免屈肘**

动作要点

1 双脚分开站立，距离与肩同宽。将弹力带中段固定在身体正前方与髋关节同高的地方，双手握住两端。双臂平行伸直且于身前微微上抬，双手掌心向下，保持弹力带有一定的张力。

2 保持手臂伸直，肩胛骨向后缩。

恢复至初始位置，重复规定的次数。

上肢和肩部

胸部和背部

躯干和全身

核心和腰腹

下肢和臀部

弹力带 - 跪姿 - 斜角下拉

训练部位　背部

主要肌肉　背阔肌、斜方肌、肩关节周围肌群

训练板块　力量练习、热身练习

训练目标　力量

辅助器械　瑜伽垫

注意事项　动作过程中保持上身挺直，核心收紧

动作要点

① 双脚、双腿分开跪于垫上，距离与肩同宽，大腿及躯干保持直立。将弹力带一端固定在身体正前方的高处，双手握住另一端。双臂伸直并斜向上45度举过头顶，保持弹力带有一定的张力。

② 双臂紧贴身体斜向下拉弹力带，至上臂垂直于地面。

↻ 恢复至初始位置，重复规定的次数。

①

② ↻

保持背部挺直

弹力带 - 坐姿 - 挺身练习

训练部位	背部
主要肌肉	竖脊肌
训练板块	力量练习、热身练习
辅助器械	椅子
训练目标	力量、稳定
注意事项	动作过程中保持身体稳定，双肘夹紧

动作要点

1 双脚、双腿分开，朝向正前方坐在椅子上。将弹力带中段固定在臀部下方，用双手握住两端。双臂屈肘，双手于颈后十指交叉，弓背，让弹力带绕过上臂并保持有一定的张力。

2 下肢保持稳定，背部挺直，同时上抬双肘与头部。

↻ 恢复至初始位置，重复规定的次数。

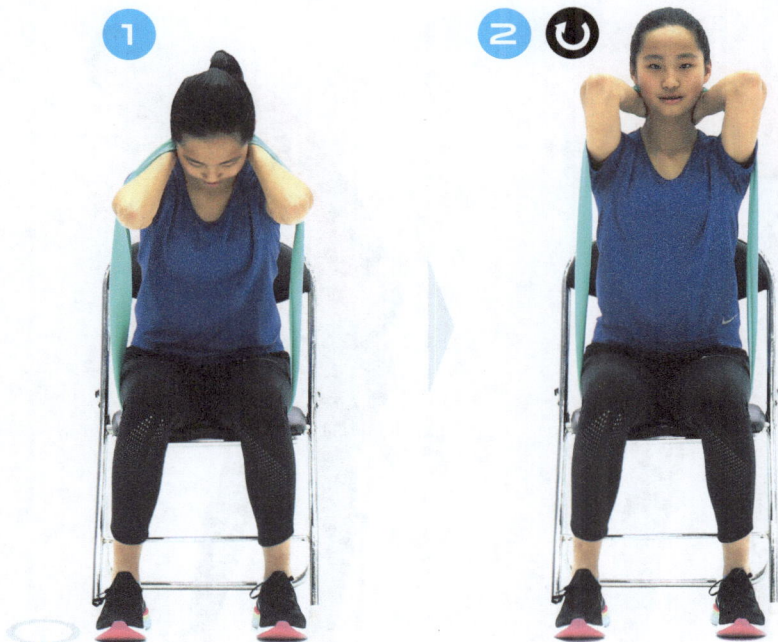

3.3　躯干和全身

3.3.1　躯干

弹力带 - 站姿 - 躯干侧屈

训练部位　**躯干**

主要肌肉　**腹内斜肌、腹外斜肌、竖脊肌、腰方肌、腹直肌**

训练板块　**力量练习、热身练习**

训练目标　**力量、稳定**

注意事项　**动作过程中保持骨盆稳定**

动作要点

1 双脚分开站立，距离与肩同宽。将弹力带一端固定在脚下，右手握住另一端并自然置于身体右侧，保持弹力带有一定的张力。

2 下肢保持稳定，躯干向左侧屈。动作过程中保持背部挺直，避免身体前倾或后仰。

↻ 恢复至初始位置，重复规定的次数。换对侧重复上述动作过程。

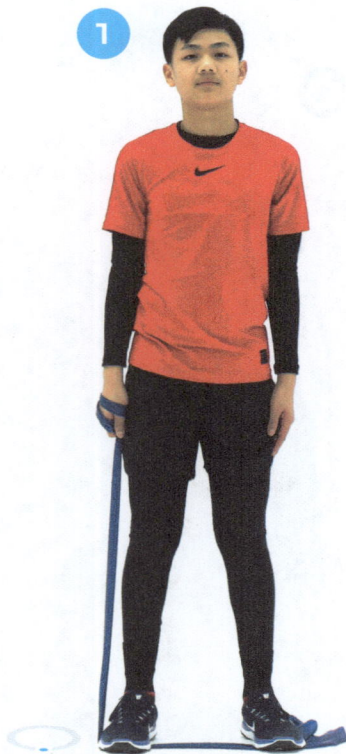

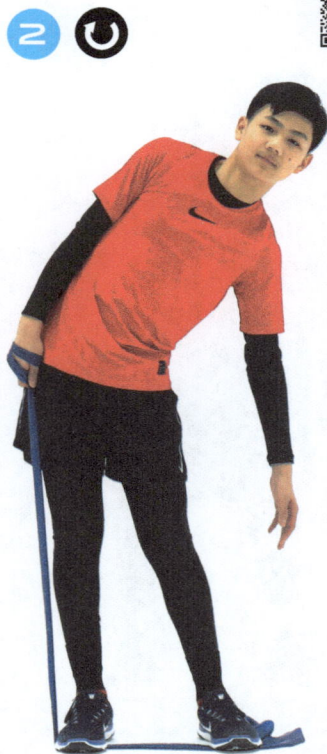

弹力带 - 站姿 - 过顶 - 躯干侧屈

训练部位	躯干
主要肌肉	腹内斜肌、腹外斜肌、竖脊肌、腰方肌、腹直肌
训练板块	力量练习、热身练习
训练目标	力量、稳定
注意事项	动作过程中保持骨盆稳定

动作要点

1. 双脚分开站立，距离与肩同宽。双手握住弹力带两端，双臂于头部两侧伸直上举，双手掌心向前，保持弹力带有一定的张力。

2. 下肢保持稳定，躯干向右侧屈。动作过程中保持背部挺直，避免身体前倾或后仰。

↻ 恢复至初始位置，换对侧重复上述动作过程。重复规定的次数。

上肢和肩部

胸部和背部

躯干和全身

核心和腰腹

下肢和臀部

弹力带 - 分腿站姿 - 旋转上提 - 双臂

训练部位　**躯干**

主要肌肉　**核心肌群**

训练板块　**力量练习、热身练习**

训练目标　**力量、稳定**

注意事项　**动作过程中目光跟随手的运动轨迹，保持腹部收紧**

动作要点

1　右脚在前、左脚在后站立。将弹力带一端固定在右脚下，双手握住另一端。双臂于体前伸直，保持弹力带有一定的张力。

2　向左侧旋转躯干，同时双臂向左侧斜上方 45 度上提弹力带。

↻　恢复至初始位置，重复规定的次数。换对侧重复上述动作过程。

1

2 ↻

弹力带 - 旋转下砍 - 双臂

训练部位	**躯干**
主要肌肉	**核心肌群**
训练板块	**力量练习、热身练习**
训练目标	**力量、稳定**
注意事项	**动作过程中目光跟随手的运动轨迹，保持腹部收紧**

①

② ⟳

上肢和肩部

胸部和背部

躯干和全身

核心和腰腹

下肢和臀部

动作要点

① 双脚分开站立，距离比肩宽。将弹力带一端固定在身体右侧的高处，双手握住另一端。身体向右侧扭转，左脚脚尖着地，双臂向右侧斜上方伸直，保持弹力带有一定的张力。

② 向左侧旋转躯干，同时双臂向对角线方向下拉弹力带，做下砍动作。

⟳ 恢复至初始位置，重复规定的次数。换对侧重复上述动作过程。

弹力带 - 旋转上提 - 双臂

训练部位	躯干
主要肌肉	核心肌群
训练板块	力量练习、热身练习
训练目标	力量、稳定
注意事项	动作过程中目光跟随手的运动轨迹，保持腹部收紧

①

② ↻

动作要点

① 双脚分开站立，距离比肩宽。将弹力带一端固定在身体右侧的低处，双手握住另一端。身体向右侧扭转，左脚脚尖着地，双臂向右侧斜下方伸直，保持弹力带有一定的张力。

② 向左侧旋转躯干，同时双臂向对角线方向上提弹力带。

↻ 恢复至初始位置，重复规定的次数。换对侧重复上述动作过程。

弹力带 - 站姿 - 躯干旋转 - 至对侧

训练部位　躯干

主要肌肉　核心肌群

训练板块　力量练习、热身练习、
　　　　　灵活性练习

训练目标　力量、稳定、灵活

注意事项　动作过程中保持双臂贴
　　　　　紧身体

动作要点

1　双脚分开站立，距离比肩宽。将弹力带一端固定在身体右侧与胸部同高的地方，双手握住另一端。身体向右侧扭转，双臂屈肘，双手置于胸前，保持弹力带有一定的张力。

2　向左侧旋转躯干，同时双臂向左侧拉动弹力带。动作过程中双臂位置相对躯干保持固定。

↻　恢复至初始位置，重复规定的次数。换对侧重复上述动作过程。

上肢和肩部

胸部和背部

躯干和全身

核心和腰腹

下肢和臀部

1

2 **↻**

弹力带 - 站姿 - 风车练习

训练部位	躯干
主要肌肉	核心肌群
训练板块	力量练习、热身练习、灵活性练习
训练目标	力量、稳定、灵活
注意事项	动作过程中保持骨盆稳定向前

动作要点

1 双脚分开站立，距离与肩同宽。将弹力带一端固定在脚下，经过身后，用左手在头顶抓住另一端。右手自然叉腰，下肢固定不动，躯干向右侧屈，保持弹力带有一定的张力。

2 躯干向左侧屈。

↺ 恢复至初始位置，重复规定的次数。换对侧重复上述动作过程。

弹力带 - 坐姿 - 躯干旋转

训练部位　躯干

主要肌肉　核心肌群

训练板块　力量练习、热身练习、灵活性练习

训练目标　力量、稳定、灵活

辅助器械　椅子

注意事项　动作过程中保持上身挺直，下肢保持朝正前方

动作要点

1 双脚、双腿分开，朝向正前方坐在椅子上。将弹力带中段固定在臀部下方，在身前交叉后，用双手握住两端。双臂紧贴身体两侧并屈肘，双手置于颈部两侧，让弹力带绕过上臂并保持有一定的张力。

2 双臂及下肢保持稳定，躯干向左侧旋转。动作过程中避免耸肩。

↻ 恢复至初始位置，换对侧重复上述动作过程。重复规定的次数。

上肢和肩部

胸部和背部

躯干和全身

核心和腰腹

下肢和臀部

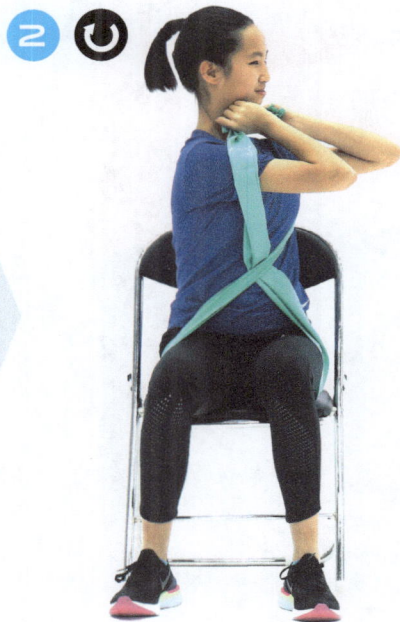

3.3.2 全身

弹力带 - 深蹲后拉

训练部位	下肢、背部
主要肌肉	股四头肌、臀大肌、斜方肌、背阔肌
训练板块	力量练习、热身练习
训练目标	力量、协调
注意事项	动作过程中尽量避免膝盖超过脚尖，避免耸肩

动作要点

1 双脚分开站立，距离与肩同宽。将弹力带中段固定在身体正前方与肩同高处，双手握住两端。双臂前平举，掌心向下，保持弹力带有一定的张力。

2 深蹲至大腿几乎与地面平行，同时双臂水平后拉弹力带，至上臂与肩关节呈一条直线，双肘屈曲90度。动作过程中保持背部挺直。

⟳ 恢复至初始位置，重复规定的次数。

弹力带 - 深蹲前推

训练部位　**下肢、胸部**

主要肌肉　**股四头肌、臀大肌、胸大肌**

训练板块　**力量练习、热身练习**

训练目标　**力量、协调**

注意事项　**动作过程中尽量避免膝盖超过脚尖，保持背部挺直**

动作要点

1 双脚分开站立，距离与肩同宽。将弹力带中段固定在身体正后方的高处，双手握住两端。双臂上抬至与地面平行，双肘屈曲90度，双手掌心向下，保持弹力带有一定的张力。

2 深蹲至大腿几乎与地面平行，同时双臂水平向前推弹力带，至肘关节完全伸直。

↻ 恢复至初始位置，重复规定的次数。

1

2 ↻

上肢和肩部

胸部和背部

躯干和全身

核心和腰腹

下肢和臀部

弹力带 - 分腿蹲 - 后拉

训练部位　**下肢、背部**

主要肌肉　**背阔肌、斜方肌、股四头肌、臀大肌**

训练板块　**力量练习、热身练习**

训练目标　**力量、稳定**

注意事项　**动作过程中保持身体稳定，避免耸肩**

动作要点

1 双脚分开站立，距离与肩同宽。将弹力带中段固定在身体正前方与肩同高处，双手握住两端。双臂前平举，保持弹力带有一定的张力。

2 右腿向后迈步，身体下蹲至左侧大腿几乎与地面平行，右侧大腿与地面垂直。同时双臂后拉弹力带。动作过程中保持背部挺直，双臂紧贴身体，膝盖不触地。

↻ 恢复至初始位置，换对侧重复上述动作过程。重复规定的次数。

弹力带 - 分腿蹲 - 弯举

训练部位	上肢、下肢
主要肌肉	股四头肌、臀大肌、肱二头肌
训练板块	力量练习、热身练习
训练目标	力量、稳定
注意事项	动作过程中保持身体稳定，手臂贴紧身体

动作要点

1　身体呈分腿蹲姿，双膝屈曲90度，上身挺直。将弹力带中段固定在左脚下，双手握住两端。双臂紧贴身体，双肘向上屈曲90度，双手掌心向上，保持弹力带有一定的张力。

2　双侧上臂紧贴身体，前臂向上弯举，双手掌心向后。

↻　恢复至初始位置，重复规定的次数。换对侧重复上述动作过程。

上肢和肩部

胸部和背部

躯干和全身

核心和腰腹

下肢和臀部

弹力带 - 阻力跳箱

训练部位	全身
主要肌肉	股四头肌、臀大肌、小腿三头肌、核心肌群
训练板块	力量练习、爆发力练习
训练目标	力量、爆发力
辅助器械	跳箱
注意事项	动作过程中保持核心收紧，落地稳定

动作要点

1. 将弹力带两端固定在身体正后方的低处，中段绕过腹部。站在跳箱后方，身体呈基本运动姿，保持弹力带有一定的张力。

2. 抗阻向上跳起。

3. 双脚落在跳箱上，身体落地缓冲后继续保持基本运动姿势。

↻ 恢复至初始位置，重复规定的次数。

3.4 核心和腰腹

3.4.1 核心

弹力带 - 站姿 - 躯干旋转 - 至中立位

训练部位　**核心**

主要肌肉　**核心肌群**

训练板块　**力量练习、稳定性练习**

训练目标　**力量、稳定**

注意事项　**动作过程中保持核心收紧，手臂伸直**

1　保持背部挺直

2 ↻

上肢和肩部

胸部和背部

躯干和全身

核心和腰腹

下肢和臀部

弹力带 - 半蹲位 - 单腿静力

训练部位　核心、下肢

主要肌肉　核心肌群、股四头肌、臀大肌、下肢稳定肌群

训练板块　力量练习、稳定性练习、平衡练习、热身练习

训练目标　力量、稳定

注意事项　动作过程中保持身体稳定，腹部收紧

动作要点

1 双腿分开站立，距离与肩同宽。将弹力带两端固定在身体正前方的高处，中段绕过背部。向前微微俯身，双膝微屈，双手自然置于身体两侧，保持弹力带有一定的张力。

2 抬起左脚，呈单腿半蹲姿势，保持规定的时间。

↻ 恢复至初始位置，换对侧重复上述动作过程。

1

2 ↻

弹力带 - 弓步平衡

训练部位　核心、下肢

主要肌肉　核心肌群、下肢稳定肌群

训练板块　力量练习、稳定性练习、
　　　　　热身练习

训练目标　力量、稳定

注意事项　动作过程中保持身体稳
　　　　　定，腹部收紧

动作要点

1　将弹力带两端固定在身体正前方
　与腰同高处，中段绕过腰部。双
　手自然叉腰，保持弹力带有一定
　的张力。

2　左脚向前迈步，呈前弓步姿势，
　保持规定的时间。

↻　恢复至初始位置，换对侧重复上
　述动作过程。

上肢和肩部

胸部和背部

躯干和全身

核心和腰腹

下肢和臀部

1　2　↻

弹力带 - 单腿站 - 静力稳定

①

训练部位	**核心、下肢**
主要肌肉	**核心肌群、下肢稳定肌群**
训练板块	**力量练习、稳定性练习、平衡练习、热身练习**
训练目标	**力量、稳定**
注意事项	**动作过程中保持身体稳定，腹部收紧**

② **◖↻◗**

动作要点

① 双腿分开站立，距离与肩同宽。将弹力带两端固定在身体正后方的高处，中段绕过腹部。双手自然置于身体两侧，保持弹力带有一定的张力。

② 抬起左脚，呈单腿站立姿势，保持规定的时间。

↻ 恢复至初始位置，换对侧重复上述动作过程。

弹力带 - 侧桥

训练部位 核心

主要肌肉 核心肌群、上肢肌群、肩关节周围肌群

训练板块 力量练习、稳定性练习、热身练习

训练目标 力量、稳定

辅助器械 瑜伽垫

注意事项 动作过程中保持身体稳定，腹部收紧

动作要点

身体呈右侧卧姿势，将弹力带一端用右手固定在垫子上，左手握住另一端。右臂伸直撑起身体，左脚叠放于右脚之上。左臂向天花板方向伸直打开，至双臂呈一条直线。动作过程中保持肩关节、髋关节、膝关节和踝关节呈一条直线。保持规定的时间。换对侧重复上述动作过程。

上肢和肩部

胸部和背部

躯干和全身

核心和腰腹

下肢和臀部

弹力带 - 反向平板 - 双腿

训练部位　**核心、下肢、上肢**

主要肌肉　**核心肌群、臀部肌群、腘绳肌**

训练板块　**力量练习、稳定性练习、热身练习**

训练目标　**力量、稳定**

辅助器械　**瑜伽垫**

注意事项　**动作过程中保持身体稳定，腹部、臀部收紧**

动作要点

1 坐在垫子上，双脚、双腿分开。用双手将弹力带两端固定在垫子上，中段绕过腹部。

↓

2 向上顶起髋关节，至膝关节、髋关节与肩关节呈一条直线，双膝屈曲90度，保持规定的时间。

↓

↻ 恢复至初始位置。

1

2 ↻

弹力带 - 反向平板 - 单腿

训练部位　核心、下肢、上肢

主要肌肉　核心肌群、臀部肌群、腘绳肌

训练板块　力量练习、稳定性练习、热身练习

训练目标　力量、稳定

辅助器械　瑜伽垫

注意事项　动作过程中保持身体稳定，腹部收紧，骨盆在中立位

动作要点

1 坐在垫子上，双脚、双腿分开。用双手将弹力带两端固定在垫子上，中段绕过腹部。

2 向上顶起髋关节，至膝关节、髋关节与肩关节呈一条直线，双膝屈曲90度，左腿伸直上抬至与地面平行，保持规定的时间。

↻ 恢复至初始位置。换对侧重复上述动作过程。

上肢和肩部

胸部和背部

躯干和全身

核心和腰腹

下肢和臀部

3.4.2 腰腹

弹力带 - 跪姿卷腹

训练部位	腹部
主要肌肉	腹直肌
训练板块	力量练习
训练目标	力量
辅助器械	瑜伽垫
注意事项	动作过程中保持手的位置不变

动作要点

1. 双膝跪在垫子上。将弹力带中段固定在身体正前方的高处，双手握住两端。向前俯身，双臂屈肘，双手放在耳旁，保持弹力带有一定张力。

2. 上身向下做卷腹运动。

↻ 恢复至初始位置，重复规定的次数。

弹力带 - 坐姿 - 卷腹

①

训练部位	**腹部**
主要肌肉	**腹直肌**
训练板块	**力量练习**
训练目标	**力量**
辅助器械	**椅子**
注意事项	**动作过程中保持手的位置不变**

② ↻

动作要点

① 双脚、双腿分开，朝向正前方坐在椅子上。将弹力带中段绕过椅背，用双手握住两端。双臂紧贴身体两侧并屈肘，双手置于胸前，挺胸直背，保持弹力带有一定的张力。

② 下肢保持稳定，上身向前做卷腹运动。

↻ 恢复至初始位置，重复规定的次数。

上肢和肩部

胸部和背部

躯干和全身

核心和腰腹

下肢和臀部

弹力带 - 仰卧 - 半程卷腹

训练部位	**腹部**
主要肌肉	**腹直肌**
训练板块	**力量练习**
训练目标	**力量**
辅助器械	**瑜伽垫**
注意事项	**动作过程中保持下背部紧贴地面**

动作要点

1　身体呈仰卧姿势，屈膝，双脚支撑于垫子上。将弹力带一端固定于背后，双手握住另一端。双肘向身体两侧打开，双手置于脑后，保持弹力带有一定的张力。

2　双臂及双手保持稳定，向上做半程卷腹动作，避免头前伸。

↻　恢复至初始位置，重复规定的次数。

弹力带 - 仰卧 - 卷腹

训练部位	腹部
主要肌肉	腹直肌
训练板块	力量练习
训练目标	力量
辅助器械	瑜伽垫
注意事项	动作过程中保持下背部紧贴地面

动作要点

1 身体呈仰卧姿势，屈膝，双脚支撑于垫子上。将弹力带一端固定于头顶正前方的高处，双手握住另一端。双臂向上伸直至与地面垂直，保持弹力带有一定的张力。

2 双臂与躯干间的角度尽量保持不变，向上做卷腹运动。

↻ 恢复至初始位置，重复规定的次数。

上肢和肩部

胸部和背部

躯干和全身

核心和腰腹

下肢和臀部

3.5 下肢和臀部

3.5.1 站立姿

弹力带 - 站姿 - 双臂硬拉

训练部位 **下肢、臀部**

主要肌肉 **臀大肌、腘绳肌**

训练板块 **力量练习、热身练习**

训练目标 **力量**

注意事项 **动作过程中保持上身挺直，腹部收紧，避免含胸**

动作要点

1 双脚分开站立，距离与肩同宽。将弹力带中段固定在脚下，双手握住两端。向前俯身，双膝微屈，双手自然置于膝关节上，保持弹力带有一定的张力。

2 收紧核心，双手握住弹力带做硬拉动作，至身体挺直。

↻ 恢复至初始位置，重复规定的次数。

1

2 ↻

弹力带 - 站姿 - 髋内收 - 单腿

训练部位	下肢
主要肌肉	大腿内收肌群
训练板块	力量练习、稳定性练习、热身练习
训练目标	力量、稳定
注意事项	动作过程中保持身体稳定，腹部收紧

动作要点

1 双脚分开站立，双手自然置于身体两侧。将弹力带一端固定在身体右侧与踝关节同高的地方，另一端绑在右脚脚跟处。微微向右侧抬起右脚，保持弹力带有一定的张力。

2 右腿向左侧内收。动作过程中保持右腿伸直，避免上身随之旋转。

↻ 恢复至初始位置，重复规定的次数。换对侧重复上述动作过程。

上肢和肩部

胸部和背部

躯干和全身

核心和腰腹

下肢和臀部

弹力带 - 站姿 - 髋后伸 - 单腿

①

训练部位	下肢
主要肌肉	臀大肌、腘绳肌
训练板块	力量练习、稳定性练习、热身练习
训练目标	力量、稳定
注意事项	动作过程中保持身体稳定，腹部收紧

② ↻

动作要点

① 双脚分开站立，双手自然置于身体两侧。将弹力带一端固定在身体正前方与踝关节同高的地方，另一端绑在右脚脚踝处。微微向前抬起右脚，保持弹力带有一定的张力。

② 右腿向后伸。动作过程中保持右腿伸直，避免上身随之旋转。

↻ 恢复至初始位置，重复规定的次数。换对侧重复上述动作过程。

弹力带-站姿-腘绳肌收缩-单侧

训练部位	下肢
主要肌肉	腘绳肌
训练板块	力量练习、热身练习
训练目标	力量
注意事项	动作过程中保持身体稳定，腹部收紧

动作要点

1 双脚并拢站立，双手自然置于身体两侧。将弹力带一端固定在身体正前方与踝关节同高的地方，另一端绑在右脚脚踝处，保持弹力带有一定的张力。

2 右腿向后屈膝至90度。

↻ 恢复至初始位置，重复规定的次数。换对侧重复上述动作过程。

弹力带 - 站姿 - 髋外展 - 单侧

1

训练部位　**下肢**

主要肌肉　**臀中肌、臀小肌、阔筋膜张肌、梨状肌**

训练板块　**力量练习、稳定性练习、热身练习**

训练目标　**力量、稳定**

注意事项　**动作过程中保持身体稳定，腹部收紧**

2

动作要点

1　双脚分开站立，距离与肩同宽，双手自然叉腰。将弹力带一端固定在左脚下，另一端绑在右脚脚踝处。

2　躯干保持稳定，右腿向外侧打开。动作过程中保持右腿伸直。

↻　恢复至初始位置，重复规定的次数。换对侧重复上述动作过程。

弹力带 - 站姿 - 髋前屈 - 单侧

训练部位　**下肢**

主要肌肉　**髂腰肌、股四头肌**

训练板块　**力量练习、稳定性练习、热身练习**

训练目标　**力量、稳定**

注意事项　**动作过程中保持身体稳定，腹部收紧**

动作要点

1　双脚分开站立，距离与肩同宽，双手自然叉腰。将弹力带一端固定在身体正后方与踝关节同高的地方，另一端绑在右脚脚踝处，保持弹力带有一定的张力。

2　躯干保持稳定，右腿伸直上抬，做髋关节前屈运动。

↻　恢复至初始位置，重复规定的次数。换对侧重复上述动作过程。

1

2 ↻

上肢和肩部

胸部和背部

躯干和全身

核心和腰腹

下肢和臀部

弹力带 - 单腿站 - 髋关节后伸

训练部位	下肢
主要肌肉	臀大肌、腘绳肌
训练板块	力量练习、稳定性练习、热身练习
训练目标	力量、稳定
注意事项	动作过程中避免上身过度前倾

动作要点

1 将弹力带两端分别绑在双脚踝关节处。左腿单腿站立，上身挺直，右腿向后屈膝 90 度，保持弹力带有一定的张力。

2 右腿在保持屈膝 90 度的情况下向后伸。

恢复至初始位置，重复规定的次数。换对侧重复上述动作过程。

弹力带 - 站姿 - 双脚提踵

训练部位　下肢

主要肌肉　小腿三头肌

训练板块　力量练习、热身练习

训练目标　力量

注意事项　动作过程中保持上身挺直，腹部收紧

动作要点

1 双脚分开站立，距离与肩同宽。将弹力带中段固定在脚下，双手握住两端并自然置于身体两侧，保持弹力带有一定的张力。

2 双脚脚跟同时向上抬起。

↻ 恢复至初始位置，重复规定的次数。

保持背部挺直

上肢和肩部

胸部和背部

躯干和全身

核心和腰腹

下肢和臀部

弹力带 - 阻力垂直跳

训练部位　　**下肢**

主要肌肉　　**股四头肌、臀大肌、小腿三头肌**

训练板块　　**力量练习、爆发力练习、热身练习**

训练目标　　**力量、爆发力**

注意事项　　**动作过程中保持身体稳定，腹部收紧，垂直向上跳**

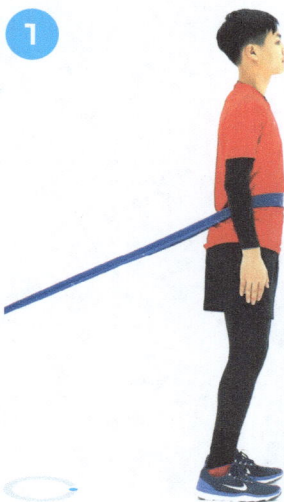

动作要点

1 双腿分开站立，距离与肩同宽。将弹力带两端固定在身体正后方的低处，中段绕过腹部，保持弹力带有一定的张力。

2 身体抗阻垂直向上跳起。

3 双脚落地，身体呈落地缓冲姿势。

↻ 恢复至初始位置，重复规定的次数。

1

2

3 ↻

弹力带 - 跳跃踢臀

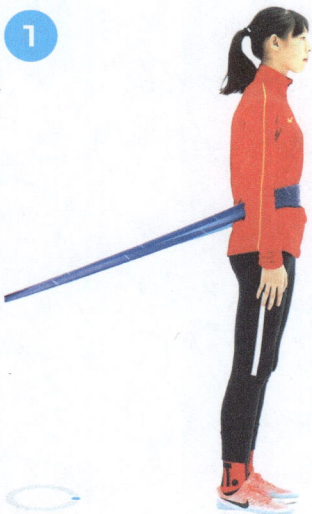

训练部位	下肢
主要肌肉	股四头肌、臀大肌、腘绳肌、小腿三头肌
训练板块	力量练习、爆发力练习、热身练习
训练目标	力量、爆发力
注意事项	动作过程中保持身体稳定，腹部收紧

动作要点

1 双腿分开站立，距离与肩同宽。将弹力带两端固定在身体正后方的低处，中段绕过腹部，保持弹力带有一定的张力。

2 身体抗阻向上跳起，双脚脚跟触碰臀部。

3 双脚落地，身体呈落地缓冲姿势。

↻ 恢复至初始位置，重复规定的次数。

上肢和肩部

胸部和背部

躯干和全身

核心和腰腹

下肢和臀部

3.5.2 弓步姿

弹力带 - 阻力前弓步

训练部位	**核心、下肢**
主要肌肉	**核心肌群、下肢稳定肌群**
训练板块	**力量练习、稳定性练习、热身练习**
训练目标	**力量、稳定**
注意事项	**动作过程中保持身体稳定，腹部收紧**

动作要点

1. 将弹力带两端固定在身体正后方的高处，中段绕过腰部。双手自然垂于身体两侧，保持弹力带有一定的张力。

2. 右脚向前迈步，呈前弓步姿势。

⟳ 恢复至初始位置，重复规定的次数。换对侧重复上述动作过程。

弹力带－后腿抬高－分腿蹲

训练部位	核心、下肢
主要肌肉	股四头肌、臀大肌、核心肌群
训练板块	力量练习、稳定性练习
训练目标	力量、稳定
辅助器械	椅子
注意事项	动作过程中保持身体稳定，腹部收紧，膝盖尽量避免超过脚尖

动作要点

1 身体呈分腿站姿，右腿抬高，右脚脚尖支撑于椅子上。将弹力带中段固定在左脚下，双手握住两端并自然置于身体两侧，保持弹力带有一定的张力。

2 左腿屈膝下蹲。

↻ 恢复至初始位置，重复规定的次数。换对侧重复上述动作过程。

上肢和肩部

胸部和背部

躯干和全身

核心和腰腹

下肢和臀部

3.5.3 蹲姿

弹力带 - 深蹲跳

训练部位	**核心、下肢**
主要肌肉	**股四头肌、臀大肌、核心肌群**
训练板块	**力量练习、爆发力练习**
训练目标	**力量、爆发力**
注意事项	**动作过程中保持身体稳定，腹部收紧**

动作要点

1 双腿分开站立，距离与肩同宽。将弹力带中段固定在身体正前方的高处，双手握住两端。双臂伸直并于身前微微平行上抬，保持弹力带有一定的张力。

2 身体向下做深蹲动作，双臂自然伸直下摆至身体两侧。然后身体迅速跳起，双臂自然上摆至头部两侧。

3 双脚落地，双臂自然伸直下摆至身体两侧，恢复至深蹲姿势。

↻ 重复规定的次数。

弹力带 - 半蹲侧向走

训练部位　下肢

主要肌肉　股四头肌、臀大肌、臀中肌

训练板块　力量练习、热身练习

训练目标　力量、稳定

注意事项　动作过程中保持重心稳定，背部挺直

动作要点

1　双脚分开站立，距离与肩同宽。将弹力带中段固定在脚下，双手握住两端。双臂屈肘且微微向身体两侧打开，双手位于肩关节正前方，弹力带从后侧绕过上臂且有一定的张力。

2　双臂保持稳定，身体向下半蹲。

3　上肢及躯干保持稳定，左腿向左迈步。

4　上肢及躯干保持稳定，右腿向左迈步。

↻　侧向移动规定的距离。换对侧重复上述动作过程。

弹力带 - 深蹲

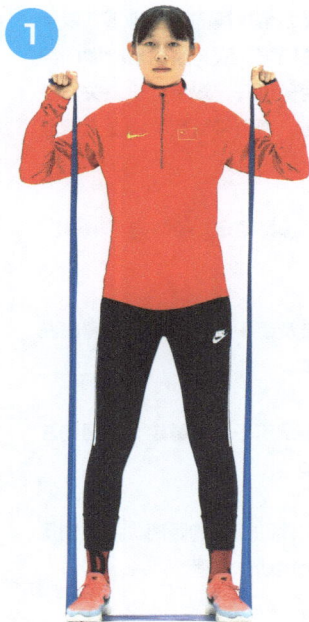

训练部位	下肢
主要肌肉	股四头肌、臀大肌
训练板块	力量练习、热身练习
训练目标	力量
注意事项	动作过程中保持腹部收紧，背部挺直，膝盖尽量避免超过脚尖

动作要点

1 双脚分开站立，距离与肩同宽。将弹力带中段固定在脚下，双手握住两端。双臂向上屈肘且微微向身体两侧打开，保持弹力带有一定的张力。

2 身体向下做深蹲动作。动作过程中双臂位置相对躯干保持固定。

↻ 恢复至初始位置，重复规定的次数。

弹力带 - 双腿半蹲

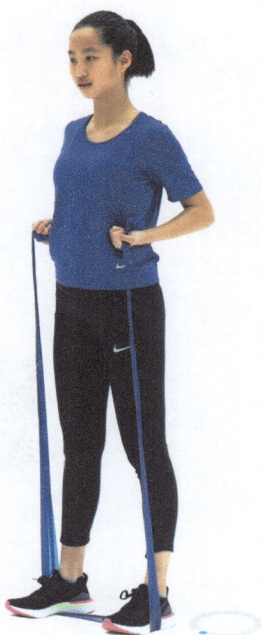

训练部位	**下肢**
主要肌肉	**股四头肌、臀大肌**
训练板块	**力量练习、热身练习**
训练目标	**力量**
注意事项	**动作过程中保持腹部收紧，背部挺直，膝盖尽量避免超过脚尖**

上肢和肩部

胸部和背部

躯干和全身

核心和腰腹

下肢和臀部

动作要点

1 双脚分开站立，距离与肩同宽。将弹力带中段固定在脚下，双手握住两端。双臂向后屈肘，双手置于腰部两侧，保持弹力带有一定的张力。

2 身体向下半蹲。动作过程中双臂位置相对躯干保持固定。

↻ 恢复至初始位置，重复规定的次数。

弹力带 - 单腿半蹲

训练部位　**核心、下肢**

主要肌肉　**股四头肌、臀大肌、核心肌群**

训练板块　**力量练习、稳定性练习、热身练习、平衡练习**

训练目标　**力量、稳定**

注意事项　**动作过程中保持腹部收紧，背部挺直，膝盖尽量避免超过脚尖**

动作要点

1 将弹力带固定在左脚下，双手握住两端。右脚抬起，呈单腿站立姿势。双臂向后屈肘，双手自然置于腰部两侧，保持弹力带有一定的张力。

2 左腿单腿向下半蹲。动作过程中双臂位置相对躯干保持固定。

恢复至初始位置，重复规定的次数。换对侧重复上述动作过程。

弹力带 - 半蹲 - 静力稳定

训练部位　下肢

主要肌肉　股四头肌、臀大肌

训练板块　力量练习、热身练习

训练目标　力量、稳定

注意事项　动作过程中保持腹部收紧，背部
　　　　　挺直，膝盖尽量避免超过脚尖

动作要点

双脚分开站立，将弹力带中段固定在脚下，双手握住两端。双臂向后屈肘，双手置于腰部两侧，保持弹力带有一定的张力。身体向下半蹲，保持规定的时间。

3.5.4 坐姿

弹力带 - 坐姿髋前屈 - 屈膝位 - 单侧

训练部位	下肢
主要肌肉	髂腰肌、股四头肌
训练板块	力量练习、热身练习
训练目标	力量
辅助器械	椅子
注意事项	动作过程中保持上身挺直

①

保持背部挺直

② ↻

动作要点

① 将弹力带一端固定在身后，另一端绑在右脚踝关节处。双脚、双腿分开，挺胸直背，面朝正前方坐在椅子上。

② 膝关节保持屈曲，右侧大腿竖直向上抬起，做屈髋运动。

↻ 恢复至初始位置，重复规定的次数。换对侧重复上述动作过程。

弹力带 - 坐姿 - 伸膝 - 单侧

训练部位	**下肢**
主要肌肉	**股四头肌**
训练板块	**力量练习、热身练习**
训练目标	**力量**
辅助器械	**椅子**
注意事项	**动作过程中保持上身挺直**

动作要点

1. 将弹力带一端固定在身后，另一端绑在右脚踝关节处。双脚、双腿分开，挺胸直背，朝向正前方坐在椅子上。

2. 右腿膝关节抗阻伸直。

○ 恢复至初始位置，重复规定的次数。换对侧重复上述动作过程。

上肢和肩部

胸部和背部

躯干和全身

核心和腰腹

下肢和臀部

弹力带 - 坐姿 - 踝跖屈 - 单侧

训练部位	下肢
主要肌肉	小腿三头肌、胫骨后肌、腓骨长肌、腓骨短肌
训练板块	力量练习、热身练习
训练目标	力量
辅助器械	椅子
注意事项	动作过程中保持腿部不动

动作要点

1 面朝正前方坐在椅子上，左腿悬空，左膝屈曲，左脚脚尖勾起。将弹力带中段固定在左脚前脚掌下，双手握住两端，保持弹力带有一定的张力。

2 左脚向下绷脚，做踝跖屈运动。动作过程中身体其他部位保持稳定。

恢复至初始位置，重复规定的次数。换对侧重复上述动作过程。

弹力带 - 坐姿 - 踝背屈 - 单侧

训练部位	**下肢**
主要肌肉	**胫骨前肌、趾长伸肌、蹬长伸肌**
训练板块	**力量练习、热身练习**
训练目标	**力量**
辅助器械	**椅子**
注意事项	**动作过程中保持腿部不动**

动作要点

1 面朝正前方坐在椅子上，左腿悬空，左膝屈曲，左脚向下绷脚。将弹力带两端固定在身体正后方的低处，中段绕过左脚脚背处。

2 左脚向上勾脚，做踝背屈运动。动作过程中身体其他部位保持稳定。

↻ 恢复至初始位置，重复规定的次数。换对侧重复上述动作过程。

上肢和肩部

胸部和背部

躯干和全身

核心和腰腹

下肢和臀部

弹力带 - 坐姿 - 踝跖屈 - 直膝位

训练部位	下肢
主要肌肉	股四头肌、小腿三头肌、胫骨后肌、腓骨长肌、腓骨短肌
训练板块	力量练习、热身练习
训练目标	力量
辅助器械	椅子
注意事项	动作过程中保持腿部不动

动作要点

1. 面朝正前方坐在椅子上，左腿蹬直，左脚脚尖勾起。将弹力带中段固定在左脚前脚掌下，双手握住两端，保持弹力带有一定的张力。

2. 左脚向下绷脚，做踝跖屈运动。动作过程中身体其他部位保持稳定。

↻ 恢复至初始位置，重复规定的次数。换对侧重复上述动作过程。

迷你带 - 坐姿 - 髋外展 - 双侧

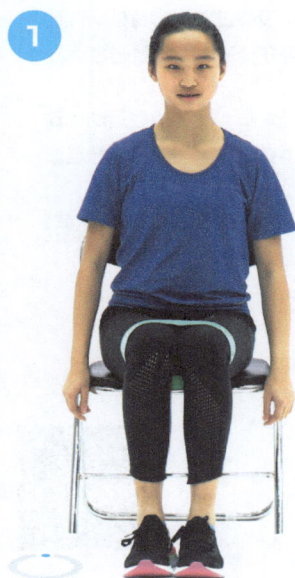

训练部位	下肢
主要肌肉	臀中肌、臀小肌、阔筋膜张肌、梨状肌
训练板块	力量练习、热身练习
训练目标	力量
辅助器械	迷你带、训练椅
注意事项	动作过程中保持上身挺直

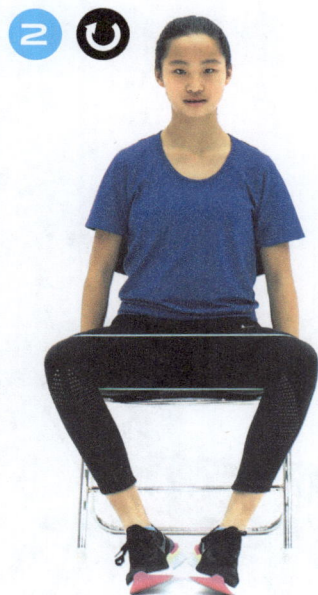

动作要点

1. 将迷你带套在膝关节上方。双脚、双腿并拢，挺胸直背，双手自然下垂，面朝正前方坐在椅子上。

2. 双腿同时向外打开，做髋外展运动。

恢复至初始位置，重复规定的次数。

上肢和肩部

胸部和背部

躯干和全身

核心和腰腹

下肢和臀部

弹力带 - 坐姿 - 踝背屈 - 直膝位

训练部位　**下肢**

主要肌肉　**胫骨前肌、趾长伸肌、跨长伸肌**

训练板块　**力量练习、热身练习**

训练目标　**力量**

辅助器械　**训练椅**

注意事项　**动作过程中保持腿部不动**

动作要点

1 将弹力带两端固定在身体正前方的低处，中段绕过左脚脚背处。面朝正前方坐在椅子上，左腿蹬直。

2 左脚向上勾脚，做踝背屈运动。动作过程中身体其他部位保持稳定。

↻ 恢复至初始位置，重复规定的次数。换对侧重复上述动作过程。

弹力带 - 足内旋 - 单侧

训练部位　**下肢**

主要肌肉　**胫骨前肌、胫骨后肌、趾长屈肌、踇长屈肌**

训练板块　**力量练习、热身练习**

训练目标　**力量**

辅助器械　**瑜伽垫**

注意事项　**动作过程中保持上肢及躯干稳定**

1

动作要点

1 坐在垫子上，右腿蹬直，左腿屈膝，左脚全脚掌置于垫子上。双臂伸直，双手支撑在垫子上。将弹力带两端固定在身体右方的低处，中段绕过右脚前脚掌。

2 右脚向左侧做内旋运动。动作过程中身体其他部位保持稳定。

↻ 恢复至初始位置，重复规定的次数。换对侧重复上述动作过程。

2 ↻

弹力带 - 足外旋 - 双侧

训练部位	下肢
主要肌肉	腓骨长肌、腓骨短肌
训练板块	力量练习、热身练习
训练目标	力量
辅助器械	瑜伽垫
注意事项	动作过程中保持上肢及躯干稳定

1

2 ⟳

动作要点

1 坐在垫子上，双腿伸直并分开，双臂伸直，双手支撑在垫子上。将迷你带套在双脚的前脚掌处。

2 右脚向右、左脚向左，同时做外旋运动。动作过程中身体其他部位保持稳定。

⟳ 恢复至初始位置，重复规定的次数。

弹力带 - 坐姿 - 腘绳肌拉伸

训练部位　**下肢**

主要肌肉　**腘绳肌**

训练板块　**拉伸练习**

训练目标　**柔韧**

辅助器械　**瑜伽垫**

注意事项　**动作过程中保持双腿紧贴地面，背部挺直**

动作要点

① 坐在垫子上，双腿伸直并拢且紧贴地面。将弹力带中段固定在双脚的前脚掌处，双臂伸直并用双手握住弹力带两端，保持弹力带有一定的张力。

② 向前俯身，同时，双手拉紧弹力带。

↻ 恢复至初始位置，重复规定的次数。

上肢和肩部

胸部和背部

躯干和全身

核心和腰腹

下肢和臀部

①

② ↻

3.5.5　卧姿

弹力带 - 仰卧 - 臀桥 - 双腿

训练部位	**下肢、核心**
主要肌肉	**臀大肌、腘绳肌、核心肌群**
训练板块	**力量练习、热身练习**
训练目标	**力量、稳定**
辅助器械	**瑜伽垫**
注意事项	**做臀桥动作时，肩关节、髋关节、膝关节在一条直线上**

动作要点

1 身体呈仰卧姿势，双膝屈曲，且双脚、双腿分开。将弹力带中段绕过腹部，并用双手握住两端。双臂伸直，双手自然置于身体两侧，保持弹力带有一定的张力。

2 向上顶起髋关节，做臀桥动作。

↺ 恢复至初始位置，重复规定的次数。

1

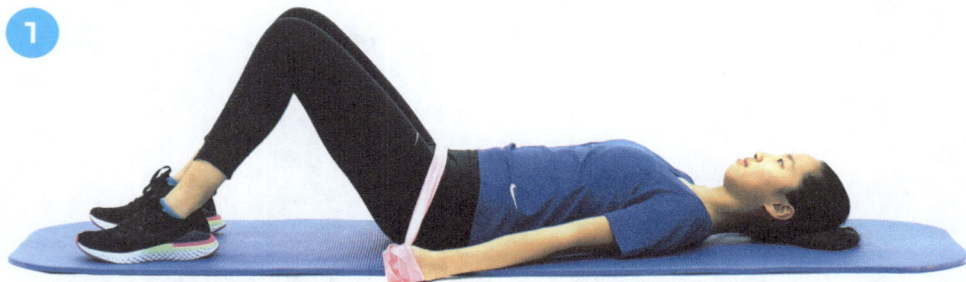

2 ↺

呈一条直线

弹力带 - 仰卧 - 伸髋练习 - 单侧

训练部位　下肢

主要肌肉　臀大肌、腘绳肌、核心肌群

训练板块　力量练习、热身练习

训练目标　力量

辅助器械　瑜伽垫

注意事项　动作过程中保持背部贴紧地面

动作要点

1 身体呈仰卧姿势，左腿伸直上抬。将弹力带一端固定在身体正前方的高处，另一端绑在左脚脚踝处，保持弹力带有一定的张力。

2 左腿下拉弹力带至左腿贴紧垫子。

↻ 恢复至初始位置，重复规定的次数。换对侧重复上述过程。

上肢和肩部

胸部和背部

躯干和全身

核心和腰腹

下肢和臀部

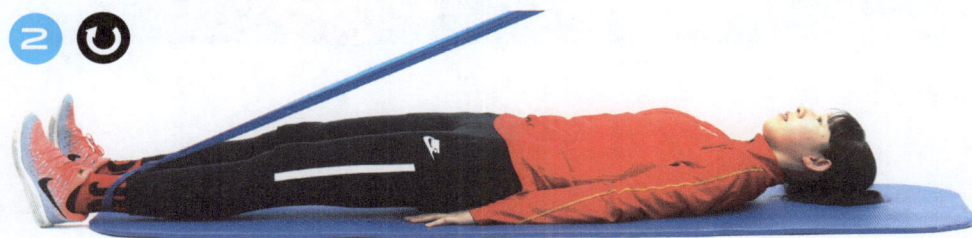

弹力带 - 仰卧 - 股后肌群拉伸

训练部位　**下肢**

主要肌肉　**腘绳肌**

训练板块　**拉伸练习**

训练目标　**柔韧**

辅助器械　**瑜伽垫**

注意事项　**动作过程中保持背部紧贴地面**

动作要点

身体呈仰卧姿势，将弹力带中段固定在左脚足弓处，双手握住两端，保持弹力带有一定的张力。双臂后拉弹力带，带动左腿伸直上抬，拉伸股后肌群，保持规定的时间。恢复至初始位置，换对侧重复上述过程。

弹力带 - 仰卧 - 阔筋膜张肌拉伸

训练部位	下肢
主要肌肉	阔筋膜张肌
训练板块	拉伸练习
训练目标	柔韧
辅助器械	瑜伽垫
注意事项	动作过程中被拉伸腿保持伸直

动作要点

身体呈仰卧姿势，左腿屈膝并跨过右腿。将弹力带中段固定在右脚踝关节处，左手握住两端，保持弹力带有一定的张力。左手拉动弹力带，拉伸右侧阔筋膜张肌，保持规定的时间。恢复至初始位置，换对侧重复上述过程。

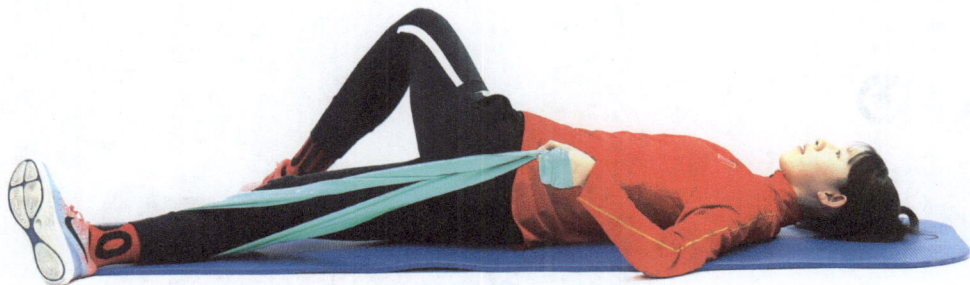

上肢和肩部

胸部和背部

躯干和全身

核心和腰腹

下肢和臀部

弹力带 - 俯卧 - 屈膝 - 单侧

训练部位　**下肢**

主要肌肉　**腘绳肌**

训练板块　**力量练习、热身练习**

训练目标　**力量**

辅助器械　**瑜伽垫**

注意事项　**动作过程中大腿保持不动**

动作要点

1 身体呈俯卧姿势，双手自然置于头部下方。将弹力带中段固定在右脚脚踝处，两端固定在身体正后方与踝关节同高处。

2 右腿大腿保持稳定，小腿屈膝上抬。

↻ 恢复至初始位置，重复规定的次数。换对侧重复上述过程。

弹力带 - 侧卧 - 伸膝 - 单侧

训练部位　**下肢**

主要肌肉　**股四头肌**

训练板块　**力量练习、热身练习**

训练目标　**力量**

辅助器械　**瑜伽垫**

注意事项　**动作过程中髋关节保持稳定**

动作要点

① 身体呈左侧卧姿势，右腿向后屈膝90度，左臂向正前方伸直，右臂屈肘并自然置于体前。将弹力带两端固定在身体后方的高处，中段绕过右脚脚踝，保持弹力带有一定的张力。

② 右腿大腿尽量保持稳定，小腿向前抗阻伸膝。

↻ 恢复至初始位置，重复规定的次数。换对侧重复上述过程。

上肢和肩部

胸部和背部

躯干和全身

核心和腰腹

下肢和臀部

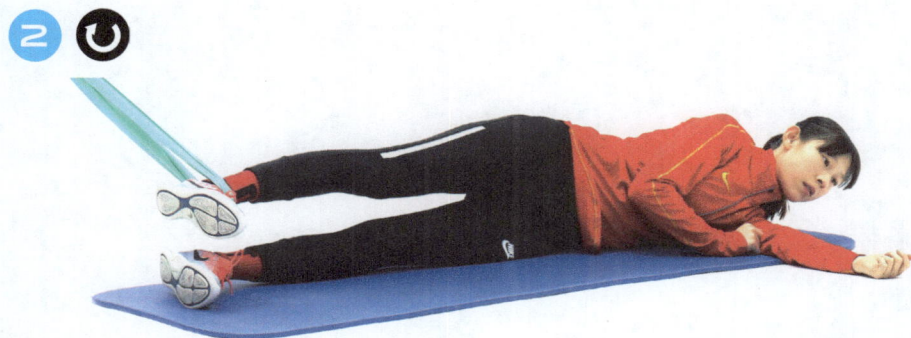

CHAPTER 04

第 4 章

训练计划

　　要想设计一份合理的训练计划，必须先明确个人的训练需求，并遵循一定的原则。本章将介绍不同训练参数的含义和青少年训练计划的制定原则，并提供8个青少年弹力带训练计划。

4.1 青少年训练计划制定原则

（1）制定训练计划之前，应该确定个人的需求。青少年在身体和心理的成熟程度、训练目标、遗传潜力，以及参与训练的意愿方面都存在个体差异。因此，制定个性化的训练计划是成功的关键。

（2）在制定训练计划之前，应对青少年进行全面的身体评估。评估内容应包括基本健康状况评估（是否有损伤及损伤的原因）、当前身体状态评估和运动表现能力评估。评估结果将直接影响训练计划的制定与实施。

（3）训练计划要全面。训练内容应包含各项身体素质（力量、耐力、柔韧性和灵敏性等）的动态、静态，以及开链、闭链等练习。青少年处于发展敏感期，在这个阶段采用丰富的训练手段来全面发展各项身体素质，不仅能够提高青少年参与运动的积极性，还将为今后打下扎实的体能基础。

（4）训练计划要均衡。训练内容应涉及身体上肢、下肢，前侧、后侧，以及躯干部位的训练，避免不平衡训练带来的动作模式欠佳、不良体态及运动损伤等问题。

（5）采用适当的训练量和强度。由于青少年骨骼和肌肉系统尚未发育成熟，过大的训练量及训练强度可能会适得其反，不仅影响青少年参加训练的积极性，同时会打击他们的自信心，切记不要将成年人的训练计划用于青少年。

（6）计划要具有进阶性。训练内容应该从简单到复杂，并根据身体对训练刺激的适应程度循序渐进地进行调整。进阶则意味着进步，青少年应通过增加训练频率、强度和时间来逐渐提高他们的训练难度，从而进一步改善身体素质。

4.2 训练节奏与间歇

　　对一组训练的内容安排来说，训练动作固然重要，但训练时的动作节奏与间歇时间才是成功与否的关键。我们通常把动作节奏定义为某些数字：如果动作的离心阶段是2秒，等长阶段是2秒，向心阶段是1秒，则将动作节奏表示为2-2-1。例如进行杠铃深蹲练习时，身体从站姿向下蹲的过程为2秒，到达最低位置时保持2秒，从深蹲姿势到站立过程为1秒。训练目的不同，动作节奏也不同。

　　间歇时间是指两组训练之间或者两个动作之间的间隔时间。当青少年逐渐适应了训练计划以后，就可以缩短组间或者动作之间的休息时间，从而提高训练强度。而如果我们采用更大的训练负荷时，那么间歇时间会相应地增加，让机体有更充分的时间恢复，这样能够有效地避免过度训练及其可能带来的运动损伤。

4.3 青少年弹力带训练方案

训练计划 1：体质达标训练方案

训练目的： 提高青少年的《国家学生体质健康标准》中规定的坐位体前屈、引体向上、50 米跑和仰卧起坐等测试项目的成绩，为青少年体质健康打好基础。

页码	动作图片	动作名称	组数	重复次数 / 保持时间	练习节奏	间歇时间
14		弹力带 - 站姿 - 下拉 - 双臂	2 组	12 次	1-2-2	30 秒
140		弹力带 - 仰卧 - 股后肌群拉伸	2 组（左右两侧各 1 组）	15 秒	静态保持	无
137		弹力带 - 坐姿 - 腘绳肌拉伸	1 组	20 秒	静态保持	无
108		弹力带 - 仰卧 - 半程卷腹	2 组	10 次	有控制、慢速	30 秒
121		弹力带 - 后腿抬高 - 分腿蹲	2 组（左右两侧各 1 组）	8 次	2-1-1	30 秒
119		弹力带 - 跳跃踢臀	1 组	6 次	静态保持	无

训练计划 2：脚踝强化训练方案

训练目的： 有效加强踝关节周围肌肉的力量和稳定性，预防青少年在跑跳类运动项目中出现崴脚的情况。

页码	动作图片	动作名称	组数	重复次数 / 保持时间	练习节奏	间歇时间
131		弹力带－坐姿－踝背屈－单侧	2 组（左右两侧各 1 组）	15 次	有控制、慢速	15 秒
132		弹力带－坐姿－踝跖屈－直膝位	2 组（左右两侧各 1 组）	15 次	有控制、慢速	15 秒
135		弹力带－足内旋－单侧	2 组（左右两侧各 1 组）	15 次	有控制、慢速	15 秒
136		弹力带－足外旋－双侧	1 组	15 次	有控制、慢速	15 秒
130		弹力带－坐姿－踝跖屈－单侧	2 组（左右两侧各 1 组）	15 次	有控制、慢速	15 秒
134		弹力带－坐姿－踝背屈－直膝位	2 组（左右两侧各 1 组）	15 次	有控制、慢速	15 秒
117		弹力带－站姿－双脚提踵	1 组	15 次	1-2-3	15 秒

训练计划 3：肩袖稳定训练方案

训练目的： 加强肩袖肌群的稳定性，刺激深层小肌肉群，使青少年的各种球类运动项目的动作技术变得更稳定、更高效，预防各种肩关节损伤。

页码	动作图片	动作名称	组数	重复次数 / 保持时间	练习节奏	间歇时间
38		弹力带 - 站姿 - 肩关节旋外	2 组（左右两侧各 1 组）	10 次	有控制、慢速	10 秒
37		弹力带 - 站姿 - 肩关节旋内	2 组（左右两侧各 1 组）	10 次	有控制、慢速	10 秒
40		弹力带 - 站姿 - 水平旋外 - 单臂	2 组（左右两侧各 1 组）	10 次	有控制、慢速	10 秒
76		弹力带 - 站姿 - 肩胛骨运动	1 组	10 次	有控制、慢速	10 秒
66		弹力带 - 跪姿 - 旋内伸肘 - 单臂	2 组（左右两侧各 1 组）	8 次	有控制、慢速	10 秒
83		弹力带 - 站姿 - 水平肩胛骨挤压练习 - 双臂	1 组	10 次	有控制、慢速	10 秒

训练计划 4：手臂强化训练方案

训练目的：全面强化青少年的手臂力量，提高青少年在日常生活和体育运动中的抓握能力。

页码	动作图片	动作名称	组数	重复次数 / 保持时间	练习节奏	间歇时间
28		弹力带 - 站姿 - 肱二头肌弯举 - 双臂	1 组	15 次	1-2-2	15 秒
33		弹力带 - 站姿 - 过顶臂屈伸 - 双臂	1 组	15 次	1-2-2	15 秒
46		弹力带 - 分腿站姿 - 屈腕练习 - 单臂	2 组 （左右两侧各 1 组）	15 次	1-2-2	15 秒
47		弹力带 - 分腿站姿 - 伸腕练习 - 单臂	2 组 （左右两侧各 1 组）	15 次	1-2-2	15 秒
39		弹力带 - 站姿 - 水平弯举 - 单臂	2 组 （左右两侧各 1 组）	15 次	1-2-2	15 秒
32		弹力带 - 站姿 - 颈后水平臂屈伸 - 双臂	1 组	15 次	1-2-2	15 秒
30		弹力带 - 站姿 - 反向弯举 - 双臂	1 组	15 次	1-2-2	15 秒
65		弹力带 - 训练椅 - 臂屈伸 - 双臂	1 组	8 次	2-1-1	15 秒

训练计划 5：背部强化训练方案

训练目的： 让青少年寻找背部肌肉发力的感觉，使其掌握正确的动作模式，加强背部力量，身体更加挺拔。

页码	动作图片	动作名称	组数	重复次数 / 保持时间	练习节奏	间歇时间
79		弹力带 - 站姿 - 反向飞鸟	1 组	10 次	1-2-2	30 秒
80		弹力带 - 剪草机后拉 - 单臂	2 组（左右两侧各 1 组）	6 次	1-1-2	30 秒
82		弹力带 - 站姿 - 水平后拉划船练习 - 双臂	1 组	10 次	1-2-2	30 秒
64		弹力带 - 俯身 - 后拉 - 双臂	1 组	10 次	1-1-2	30 秒
84		弹力带 - 跪姿 - 斜角下拉	1 组	10 次	1-2-2	30 秒
81		弹力带 - 坐姿 - 直腿后拉划船	1 组	10 次	1-1-2	30 秒

训练计划 6：旋转稳定性训练方案

训练目的： 增强青少年做旋转动作时的稳定性，强化动作模式，避免运动损伤，同时降低力在传递过程中的能量消耗，提升青少年的运动表现。

页码	动作图片	动作名称	组数	重复次数 / 保持时间	练习节奏	间歇时间
88		弹力带 - 分腿站姿 - 旋转上提 - 双臂	2 组 （左右两侧 各 1 组）	8 次	有控制、慢速	20 秒
91		弹力带 - 站姿 - 躯干旋转 - 至对侧	2 组 （左右两侧 各 1 组）	8 次	有控制、慢速	20 秒
89		弹力带 - 旋转下砍 - 双臂	2 组 （左右两侧 各 1 组）	8 次	有控制、慢速	20 秒
90		弹力带 - 旋转上提 - 双臂	2 组 （左右两侧 各 1 组）	8 次	有控制、慢速	20 秒
99		弹力带 - 站姿 - 躯干旋转 - 至中立位	2 组 （左右两侧 各 1 组）	8 次	有控制、慢速	20 秒
93		弹力带 - 坐姿 - 躯干旋转	2 组 （左右两侧 各 1 组）	16 次	有控制、慢速	20 秒

训练计划 7：腿部强化训练方案

训练目的：练习髋关节主导和膝关节主导的动作，强化训练小腿力量，帮助青少年在运动中跑得更快、跳得更高。

页码	动作图片	动作名称	组数	重复次数／保持时间	练习节奏	间歇时间
101		弹力带－弓步平衡	2 组（左右两侧各1组）	30 秒	静态保持	30 秒
124		弹力带－深蹲	1 组	10 次	2-2-1	30 秒
116		弹力带－单腿站－髋关节后伸	2 组（左右两侧各1组）	10 次	1-2-2	30 秒
129		弹力带－坐姿－伸膝－单侧	2 组（左右两侧各1组）	10 次	1-2-2	30 秒
142		弹力带－俯卧－屈膝－单侧	2 组（左右两侧各1组）	10 次	1-2-2	30 秒
117		弹力带－站姿－双脚提踵	1 组	15 次	1-2-3	30 秒

训练计划 8：核心区强化训练方案

训练目的： 加强青少年的核心稳定性和核心力量，强化动作模式，优化动力链传递效率，整体提升运动表现。

页码	动作图片	动作名称	组数	重复次数 / 保持时间	练习节奏	间歇时间
114		弹力带 - 站姿 - 髋外展 - 单侧	2 组 （左右两侧各 1 组）	8 次	2-2-2	30 秒
106		弹力带 - 跪姿卷腹	1 组	15 次	有控制、慢速	30 秒
108		弹力带 - 仰卧 - 半程卷腹	1 组	15 次	有控制、慢速	30 秒
138		弹力带 - 仰卧 - 臀桥 - 双腿	1 组	15 次	1-2-2	30 秒
103		弹力带 - 侧桥	2 组 （左右两侧各 1 组）	15 秒	静态保持	30 秒
104		弹力带 - 反向平板 - 双腿	1 组	15 秒	静态保持	30 秒

参考文献

[1] 王雄, 沈兆喆. 身体功能训练动作手册 [M]. 北京:人民体育出版社, 2014.

[2] Istvan Balyi, Richard Way, Colin Higgs. Long-Term Athlete Development [M]. Champaign, IL: Human Kinetics, 2013.

[3] Stephen J. Virgilio. Fitness Education for Children: A Team Approach [M]. Champaign, IL: Human Kinetics, 2012.

[4] Frances Cleland Donnelly, Suzanne S. Muller, David L. Gallahue. Developmental Physical Education for All Children: Theory into Practice (Fifth Edition) [M]. Champaign, IL: Human Kinetics, 2017.

[5] Shirley Holt, Hale Tina Hall. Lesson Planning for Elementary Physical Education: Meeting the National Standards & Grade-Level Outcomes [M]. Champaign, IL: Human Kinetics, 2016.

[6] Robert J. Doan, Lynn Couturier MacDonald, Stevie Chepko. Lesson Planning for Middle School Physical Education: Meeting the National Standards & Grade-Level Outcomes [M]. Champaign, IL: Human Kinetics, 2017.

[7] SHAPE America-Society of Health and Physical Educators. National Standards & Grade-Level Outcomes fork-12 physical education. Champaign, IL: Human Kinetics, 2014.

[8] Christine Galvan. Achieve Physical Education Curriculum (Sixth Edition). Gopher Sport, 2017.

[9] Ericsson, K. The influence of experience and deliberate practice on the development of superior performance., The Cambridge handbook of expertise and expert performance. Cambridge, UK: Cambridge University Press, 2006.

[10] Haibach, P. S., Reid, G., & Collier, D. J. Motor learning and development. Champaign, IL: Human Kinetics, 2011.

[11] Mitchell, S., Oslin, J., & Griffin, L. Teaching sport concepts and skills: A tactical games approach. Champaign, IL: Human Kinetics, 2006.

[12] A. Vonnie Colvin, EdD, Nancy J. Egner Markos, Med, Earlysville, Virginia. Teaching Fundamental Motor Skills (Third Edition). Champaign, IL: Human Kinetics, 2016.

[13] John Byl.101 Fun Warm-up and Cool-down games. Champaign, IL: Human Kinetics, 2014.

[14] 拉里·格林, 鲁斯·佩特. 青少年长跑训练: 第3版 [M]. 沈兆喆, 王雄译. 北京:人民邮电出版社, 2016.

[15] 罗宾·S. 维莱, 梅利莎·A. 蔡斯. 青少年体育运动指导与实践 [M]. 徐建方, 王雄译. 北京:人民邮电出版社, 2017.

[16] 斯蒂芬·J. 维尔吉利奥. 儿童身体素质提升指导与实践: 第2版 [M]. 王雄译. 北京:人民邮电出版社, 2017.

[17] 威廉·J. 克雷默, 史蒂文·J. 弗莱克. 青少年运动员力量训练: 第2版 [M]. 王雄, 徐建方译. 北京:人民邮电出版社, 2018.

[18] 艾弗里·D. 费根鲍姆, 韦恩·L. 威斯克. 青少年力量训练: 针对身体素质、健身和运动专项的动作练习和方案设计 [M]. 王雄, 徐建方译. 北京:人民邮电出版社, 2018.